简单投资

全新升级版

SIMPLE INVESTMENT

陈立锋 著

中国经济出版社
CHINA ECONOMIC PUBLISHING HOUSE
北京

图书在版编目（CIP）数据

简单投资：全新升级版 / 陈立锋著 . --北京：中国经济出版社，2022. 7

ISBN 978-7-5136-6988-7

Ⅰ. ①简… Ⅱ. ①陈… Ⅲ. ①投资-研究 Ⅳ. ①F830. 59

中国版本图书馆 CIP 数据核字（2022）第 117137 号

责任编辑 丁 楠
责任印制 马小宾
封面设计 久品轩

出版发行 中国经济出版社
印 刷 者 北京科信印刷有限公司
经 销 者 各地新华书店
开　　本 710mm×1000mm 1/16
印　　张 14. 5
字　　数 209 千字
版　　次 2022 年 7 月第 1 版
印　　次 2022 年 7 月第 1 次
定　　价 69. 80 元
广告经营许可证 京西工商广字第 8179 号

中国经济出版社 网址 www. economyph. com 社址 北京市东城区安定门外大街 58 号 邮编 100011
本版图书如存在印装质量问题，请与本社销售中心联系调换（联系电话：010-57512564）

推荐序 I

recommendation I

一起进行价值投资的日子

中国A股的投资者绝大部分是散户，A股的特点就是市场波动大，因为散户喜欢追涨杀跌。A股的投资者结构决定了价值投资者是很少的，所以能遇到志同道合的投资者很不容易，陈立锋就是一个坚定的价值投资者。

我与陈立锋一起合作做基金是在2013年。之前我们在国内著名的大学做客座教授，讲了很多年的价值投资课程。因为有学员说我们仅是理论家，没有可以追溯和证明的投资业绩，所以我们与另外两个合伙人成立了基金，该基金在2015年5月取得了半年3倍的业绩。这时一个合伙人老Y觉得主要的股票是他选的，对于基金投资业绩的贡献大，而我只负责进行投资组合，对基金投资业绩的贡献小，而且我负责买入股票的最终决策和风险控制影响了基金取得更大幅度的盈利，所以大家经常为此而争吵。最后，为了基金企业的和睦和人员稳定，我做了妥协，将企业大股东的位置让给合伙人老Y，并与老Y约定，在三年内，他要保证企业资产管理规模达到50亿元，同时，老Y要求我不再参与基金投资和企业管理，也不能再限制基金的投资组合，只负责写好价值投资的文章。

之后的股市遇到了几次熔断，没有风险控制的基金其业绩可想而知。由于投资理念不同，2016 年之后，我和陈立锋陆续离开了基金企业的管理岗位，继续做回之前的老本行——投资者教育。本书可以说是我们这些年做投资者教育和价值投资的精华总结，里面充满了投资的经验和教训，值得一读。

吕长顺（笔名凯恩斯）

中国十大财经自媒体人、财经大 V

推荐序Ⅱ recommendationⅡ

第一次听陈立锋的课是他讲的财务分析，他从一个全新的视角对企业的财务报表进行了解读，并为投资者提供了一个明确的抓手：投资就是选企业，选企业就是要寻找那些具有长期竞争优势的企业，这种竞争优势体现在财务报表上就是预收账款，这让我有了耳目一新的感觉。

我从20年前开始接触投资，做投资顾问经营私募企业，到现在做投资者教育，一直都秉承着理性投资理念，致力于寻找一种能够在股票市场里长久生存并盈利的方法。价值投资是一种已经被证明了可行的方法，本书也回答了许多股民关心的问题，例如价值投资是否适用于A股市场，个人投资者能否做好价值投资等，这些问题与投资的基本原则一样看似不重要，但在关键时刻往往能够起到决定性作用。只有对企业有清晰的认识，明确判断它的估值中枢，才敢在股价大幅下跌的过程当中持续买入并持有，而单纯依赖技术分析的投资者，往往会在这个时候选择止损出局。同样的市场环境，不同的投资理念，使得投资者有了不同的选择，而这样的选择就直接决定了未来的收益。

在本书中，作者一再强调，投资本身并不复杂，也没有什么独门绝技，只有理解了买入股票的本质含义，才能从纷繁的市场当中找到决定价格变化的核心因素——企业的净利润情况。股票价格是围绕着价值上下波动的，只要建立了这种基本的投资逻辑，一切都变得简单了，投资者就是要把复杂的事情简单化，把简单的事情反复做，做到极致，那么盈利也就是自然而然的了。

进入股票市场的目的就是赚钱，这是每个投资者的初心，要想达到这样的目的，就要保证自己账户内的总资产实现增长，而这种增长从长期来看只能通过判断企业的盈利情况来实现。市盈率的变化是无法判断的，因此就要认真分析企业与竞争对手的不同，了解它有什么样的护城河来保护自己的盈利不被竞争对手所侵蚀，这与我们在经营企业时考虑的因素是一致的。作者也强调，所有的投资都源于现实，脱离现实的投资是不存在的，就像选择大牛股一样，它们更多地存在于你家的冰箱里，或者厨房里，是看得见、摸得着，甚至是吃得着的产品。投资于股票市场，也要一切从现实出发。

做投资者教育工作使我深深了解到中国投资者在投资基本理论和基本方法方面的不足。只有不断加强学习，不断提高自己，把自己武装起来，才能在市场里获得良好的收益。任何市场都是少数人赚钱，那么为了让自己成为少数人，学习就是必然的选择，当然学习方式有许多种，现场学习是一种，看书也是一种。站在别人的肩膀上，看别人的经验总结，让自己少犯一些错误，是成为专业投资者的一种捷径。通过阅读本书，投资者可以建立正确的投资理念，掌握一种可行的、数量化的估值方法，对于一些没有专业背景的投资者，作者还给出了可行的投资建议，希望大家都能有所收获。

王圣雄

北京中和应泰财务顾问有限公司总经理

前言 PREFACE

其实想写书也是犹豫了很久，一方面是觉得在理论上很难有所突破，另一方面也是觉得需要更多实践的积累。在做价值投资十年之后，《简单投资》终于面世了，然而三四年的时间过去了，随着自己对价值投资理解的更加深刻，也发现书的一些内容需要不断更新，所以萌生了出版升级版的想法。这也符合价值投资的核心理念，那就是永远学习。对于每个走上价值投资之路的人来说，一辈子都将处于不断的学习当中，如果什么时候不学习了，那么就将被时代所抛弃，将在投资实践的过程中犯下越来越多的错误，也很难取得好的投资成果。

这次的升级版，对书里的内容进行了充实，特别是关于医药行业的一些分析。作为投资者，最终还是要落实到具体的行业上，只有理论知识是远远不够的，结合行业进行分析才会更加具象化，才能够真正使读者把已经看到的知识灵活运用起来，价值投资本身也是一门实践科学，在不断实践的过程当中完善自己的投资方法，不断去修正与进步。可能三年前我们对一些行业的看法与现在是不同的，我们对于某些企业的看法也会发生改变，这是因为任何行业与企业都实时处于不断的变化当中，这种变化也是我们必须要关注到的，企业生存的环境发生了改变，未来的发展预测自然也会改变，这将严重影响企业的内在价值。

最近这三四年的时间，整个医药行业走出了一波跌宕起伏的行情，出现了一批十倍，甚至几十倍的股票，当然也出现了剧烈的回落，有一些股票已经下跌了六成还不止，这当然会对投资者的心理造成严重的影响，特别是最近一两年才开始投资医药行业的人，这样的影响将是剧烈的，但放到历史的长河当中，其实这连一朵浪花都算不上，波澜壮阔的股市长河当中，出现了太多的“过山车”，也有太多的故事，但最终都会回归到价值决定价格上来，这是永远不会改变的规律，也是价值投资者最终的依靠。尽管最近医药行业调整很剧烈，但我依然相信，这个行业最终是被消费者需要的，会有大市值的企业产生，那么也许在企业没有变坏的情况下，继续持有才是最好的选择。

投资的核心就是解决两个问题：一个是选择什么样的企业，另一个就是持有到什么时候卖出。选择企业的方法在本书中都有描述，卖出也有五个基本的判断标准，那么在不符合卖出条件的时候，就应该继续持有，尽管股价波动很多，但这种波动并不一定构成卖出的条件，忍受波动，才能到达盈利的彼岸，这也是每个投资者的必修之路，没有谁能够代替你，只有经历过的人才会理解。投资本身就是一个过程，是从意识到这条路正确，到逐步实践这条路的过程。股市做道场，人生在修行。

价值投资是一种生活方式，是一种对人生的态度。简单与真实，是这种态度的最重要表现，对自己真实，对股市真实，使得自己的生活过得更加简单充实，在赚钱的同时多一点时间陪陪家人，享受生活，这才是我们的初衷。投资是为了生活更美好，如果因为买入了股票，连睡觉都不踏实，那么就要反思一下了，你真的懂得投资的意义了吗?

股市投资是认知的变现，生活是价值观的真实体现，既然选择了这样的道路，那么就要认真地践行下去。价值投资是在股票市场里唯一可学习、可传承，并且真正能够赚到钱的方法，没有之一！与大家共勉。

陈立锋

2022 年 3 月书于北京

目录 CONTENTS

第一章 为什么要投资

第二章 怎样理解股票与投资股票的真实意义

第三章 投资理念的作用

第四章 宏观经济分析与判断

第五章 行业分析

第六章 企业分析

第七章 企业护城河分析

第八章 估值方法及运用原则

第九章　现场调研

第十章　企业财务分析

第十一章　如何避免买到劣质企业

第十二章　投资的全过程回顾

第十三章　你会看盘吗

第十四章　关于市场的几个问题

第一章

为什么要投资

要想在社会上生存，拥有持续的收入是基本要求，否则生活将陷入混乱。我们会对收入进行分类处理，首先保证个人和家庭的基本开支，如日用品消费、房贷以及通信、交通等开支，剩余部分要么储蓄，要么投资。

关于储蓄其实没有什么可说的，现在的银行利率，就算是 10 年期的，也只有 4%左右，远远低于每年的通货膨胀率，其实存款的时间越长，亏得就越多，当然并不是说银行存款就不需要了，从家庭稳定的角度来说，还是需要有一部分存款的，但投资也是必不可少的。来看一组数据，100 元能买多少东西？30 年前 100 元可以买 500 多斤大米，现在只能买三四十斤；30 年前 100 元可以买 60 多斤猪肉，现在只能买三四斤。再来看看我们都很关心的房价，30 年前中国的平均房价大概是 408 元/平方米，现在中国的平均房价大概是 6800 元/平方米，上涨了 16 倍之多。显然，要使自己辛辛苦苦赚来的钱保值增值，只存银行是不行的。

从家庭财富积累的角度来说，也只有进行投资，才能让财富更快地积累。在美国，拥有净资产的投资者会对不动产、股票和债券进行投资，当这些资产的价格上涨时，他们的个人财富就会增加。

投资大师巴菲特也说过，开始存钱并及早投资，是一个值得培养的好习惯。在吉姆夫妇身上，这句话得到了很好的印证。巴菲特遇到吉姆夫妇的时候，他们刚 50 岁出头，尽管都是普通的工薪族，但两人的净资产已经达到了 200 万美元，光是股息、利息就足够他们提前退休了。通过了解，巴菲特发现，原来吉姆夫妇所遵循的法则就是“先存后花”。

与很多美国人的消费理念不同，吉姆夫妇总是会在刚拿到收入时，就提取一部分转到专项账户进行储蓄和投资，起初收入较低的时候，提取的比例也较低，只有4%，后来随着收入增加，提取的比例也上升到了15%，他们的专项账户也从基金账户拓展到了房产账户、退休账户等。

“看不到的钱就花不掉!”正是悟出了这样的道理，吉姆夫妇才渐渐成了有钱人。

当然这里的核心是进行投资，如果只是把钱存起来，那么显然也不会有这么大的增值效果，只有不断投资，才会使钱不断增加。

一、投资与不投资的资产差别

会投资的人思考怎么让钱生钱，实现财富的正增长。没有投资意识的人觉得只要能挣钱就行。从短期看来，投资和不投资或许没有太大的差别，但时间与生活质量都会在以后给出答案。

举个例子可能更有说服力，如果A和B最初月薪都是5000元，但处理方式不同，A工作不久便意识到投资理财的重要性从而开始学习投资，而B则是月光族。那么5年后、10年后、15年后，一起出发的A与B会过上截然不同的生活。本金固然重要，可是世间万物，一旦加上时间这一维度，都会产生巨大的变化。在同等水平下，不投资的人，财富只会默默停留在不增反减的水平，最后在无节制的买买买和通货膨胀中慢慢消失殆尽。

据权威专家推算，世界95%的财富掌握在5%的人手中，更可怕的是，1%的人手里拥有50%的财富。如果把所有的财富平分，5年之内，50%的财富依然会回到1%的人手里。所以说，没有规划的财富是失败的财富，理财观念才是影响生活的金钥匙，也就是俗话说的“你不理财，财不理你”。

二、投资品种的选择

投资是每个人都必然要做的一件事。人的一生必须要认识三个好朋友，第一个好朋友是医生，他帮你解决健康问题；第二个好朋友是律师，他帮你解决法律问题；第三个好朋友就是理财师，如果对于财富没有全盘的规划，而是毫无章法地随意安排，那么最终也不会取得满意的收益。人生的选择有时比努力更加重要，选择投资品种其实也一样，黄金、债券、期货、股票、基金、P2P……面对如此多的选择该如何取舍？选择和购买投资品种要遵循一些原则。

第一，在选择投资品种方面，应遵循安全性、稳定性和灵活性三个原则。

1. 安全性原则

无论选择何种投资品种，首先要考虑的就是本金的安全。这是重中之重，赚钱很重要，但是保本更重要。有了对本金保证的考虑，在选择时会更加认真细心。一定要保证所选投资品种的风险在可承受和可控范围内。

2. 稳定性原则

我们所选的投资品种最好能有一个稳定的收益率，一来便于计算和宏观把控分析，二来也有利于整体投资理财的分配。对收益率经常上下波动、条款协议经常无故更新的产品最好敬而远之。

3. 灵活性原则

投资不是一成不变的，总体需要灵活。主要还是看自身分配，像存银行定期一样。做投资最怕资金被套牢，所以选择投资品种时要注意资金是否能够随时抽调。即使不能随时抽调，也不应长久无法调用。

第二，在购买投资品种的时候，应遵循集中、分散和合理三个原则。

1. 集中原则

对自己认真衡量考核过的投资品种，对其风险有了充分把握后，收益如果比较客观，灵活性也适中的话，可以考虑分配较大比例的金额集中投资，以达到集中、稳定收益的目的。

2. 分散原则

任何事情都要两面兼顾，投资理财也是一样，有集中原则就有分散原则。这一原则要求我们对那些收益较高，风险也高，但是在可承受范围内的投资品种分散资金比例进行投资，这样既能兼顾高收益，又能在一定程度上分散高风险，化整高为散弱。

3. 合理原则

对自己或者整个家庭的所有财产，要做好整体规划。哪些是生活必须开支的资金，哪些是预留应急资金，哪些是可以用来投资赚取收益的资金，在用来投资的资金中有多少是一定要求本金安全的，有多少是可以冒一下风险的，这些都要有一个合理的分配。

理财就是通过对家庭资产状况和理财目标的分析，制定长期的规划，让生活水平蒸蒸日上，最终实现财务自由。一夜暴富不是理财，坚持长期投资的理念才是正确的。

三、投资品种的特点

对于普通投资者来说可以选择的投资品种一般有黄金、期货、国债、股票以及房产，不同的投资品种各有特色，对于投资者的要求也不同。投资者应该根据自身特点以及家庭经济状况来选择适当的品种。

（一）黄金的特点

黄金是较稀有、较珍贵和极被人看重的金属之一。国际上黄金一般都是以盎司为单位。黄金既是用于储备和投资的特殊通货，又是现代通信、航空航天等部门的重要材料。

黄金不只是一种商品金属，它在人类经济和文化的发展过程中也起到了十分重要的作用，在现代货币出现前，黄金和白银都担任了货币的角色。

人们投资黄金，从时间上可以分为短期投资、中期投资和长期投资；从获利要求上可以分为保值和增值两种。投资黄金，如果是以长期保值增值为目的，选择中长线更为合适；如果是希望在短期内通过金价波动赚取价差，就可选择短期投资。普通投资者很难判断金价的短期走势，因此可选择一个相对低点，以中长期投资心态介入，这样可以避免频繁交易产生的手续费用，降低交易成本。

黄金价格受地缘政治、全球经济、能源市场等多种因素影响，上下起伏波动较大，随时影响着投资者的情绪，如果没有抵御风险的意识，没有足够的心理控制力，很容易失去客观判断市场的能力。

（二）期货的特点

期货有商品期货和股票期货两种。期货是相对于现货而言的，它们的交割方式不同。现货是现钱现货，期货则是合同交易，是合同的相互转让。期货的交割有期限，到期要兑现合同进行现货交割。一些做期货的大户机构会同时做现货和期货，这样既可以套期保值也可以价格投机。普通的投资者通常无法到期交割，只能纯粹投机，商品的投机价值与现货走势、商品期限等因素有关。

期货是由期货交易所统一制定的、规定在将来某一特定的时间和地点交割一定数量标的物品的标准化合约。这个标的物可以是某种商品，也可以是某种金融工具，还可以是某种金融指标。期货合约的买方，如果将合约持有到期，那么就有义务买入期货合约对应的标的物；而期货合约的卖方，如果将合约持有到期，那么就有义务卖出期货合约对应的标的物，期货合约的交易者还可以选择在合约到期前进行反向买卖来冲销这种义务。

期货相较于股票的特点在于：

一是以小博大。股票是全额交易，就是有多少钱只能买多少股票；而期货则是保证金制，只需要缴纳成交额的5%~10%，就可进行100%的交易。比如投资者有2万元，买10元一股的股票能买2000股，而投资期货就可以成交20万元的商品期货合约。

二是双向交易。股票是单向交易，只能先买入，之后再卖出；而期货既可以先买入也可以先卖出。

三是时间制约。股票交易无时间限制，如果被套可以长期持仓；而期货必须到期交割，否则交易所会强行平仓或以实物交割。

四是实际盈亏。股票投资回报有两部分，一是市场差价，二是分红派息；期货投资的盈亏在市场交易中就是实际盈亏，没有分红派息。

五是风险巨大。期货由于实行保证金制、追加保证金制和到期强行平仓的限制，所以具有高回报、高风险的特点，从某种意义上讲，期货可以使你一夜暴富，但也可能使你顷刻间一贫如洗，所以投资者要慎重选择。

六是交易模式。股票实行T+1交易，当天买进的股票至少需要持有到第二个交易日；而期货施行 T+0 交易，当天就可平仓，交易次数不限。

（三）国债的特点

国债，又称国家公债，是国家以其信用为基础，按照债的一般原则，通过向社会筹集资金所形成的债权债务关系。在这种债权债务关系中，国家作为债务人，根据还本付息的信用原则，在国内外发行债券或向外国政府、金融机构借款以筹集财政资金，取得财政收入。现在国债已成为财政政策的重要手段和国家宏观调控的重要工具。

国债是债的一种特殊形式，同一般债权债务关系相比具有以下特点：

一是从法律关系主体来看，国债的债权人既可以是国内外的公民、法人或其他组织，也可以是某一国家或地区的政府以及国际金融组织，而债务人一般只能是国家。

二是从法律关系的性质来看，国债法律关系的发生、变更较多地体现了国家单方面的意志，尽管与其他财政法律关系相比，国债法律关系属平等型法律关系，但与一般债权债务关系相比，又体现出一定的隶属性和国家政策性，这在国家内债法律关系中表现得更加明显。

三是从法律关系实现来看，国债属信用等级最高、安全性最好的债权债务关系。国债以国家信用和国家财力作为担保，一般不再需要其他特别担保，债权债务关系容易实现。国债到期国家财政会足额偿还本息，因此，其风险很小甚至可以说没有风险。

四、家庭资产配置

1952 年，马科维茨在《金融杂志》上发表题为《资产组合选择——投资的有效分散化》一文，首次提出了“资产配置”的概念，其理论被誉为“华尔街的第一次革命”。该文第一次精确定义了风险与收益，指出投资者必须平衡风险与收益，进行资产配置，以达到最优的投资组合。作为一个家庭，也要有效地配置资产，这样既能够有一定的财产性收入，同时又可以具备较强的风险抵抗能力。

（一）家庭资产配置四原则

1. 风险大小

高收益等于高风险，而高风险不一定有高收益。在进行资产配置之前，一定要先关注资金的安全性，谨防各式各样的投资陷阱：“你关注的是利息，而对方却惦记着你的本金。”在总资产中，高风险的投入最好不要超过30%。

2. 时间长短

投资周期对资产配置有较大影响。如果有300万元的资金，是全部投入3年期的股权项目，还是进行分散或是周期性的投资呢？比如100万元可以做3+1+1的私募，100万元可以做1年周期的私募，100万元可以做隔3个月或6个月重新释放出来灵活调整的规划，甚至可以连环规划一个月到期的理财计划。这样当需要急用资金的时候，不至于被全部“锁定”而影响投资安排。

3. 收益高低

如果想每年获得10%~15%的收益，使资产持续稳步增值，就需要设置组合投资计划。比如有的收益是固定8%，有的收益是浮动12%，有的收益可以到20%但同时风险系数比较高，通过组合投资计划既可以有效规避风险，也可以让资金分配得更加合理。

4. 流动性强弱

通俗来说，资金一旦进入投资渠道，就不太容易再拿回来。因此应关注流动性强弱，包括是否可以抵押贷款，是否容易变现等。以房产为例，房租的收益通常不高，而房子的增值部分如果不卖，就难以产生流动性，除非做房产抵押。以保单为例，如果是高现金价值的年金保险，那么就有很好的流动性，而传统的年金保险，做的是10年、20年计划，投进去的保费流动性就会弱一些。企业股权投资的流动性更差，比如IPO项目，如果项目没有上市，那么资金的退出将变得遥遥无期。

（二）家庭资产配置一般范例

进入股票市场的投资者，都是为了在市场里获利，都是为了让自己的生活变得更好，那么如何保证自己的生活不因为股票市场的波动而受到影响，让自己的家庭资产获得更稳健的收益，是我们入市之前必须要考虑的事情，包括家庭资产是如何配置的，分配比例如何等。

家庭的资产配置一般包括以下四项：

1. 保险

这是为了规避风险而采取的一种措施，每个人都有可能遇到意外事件，那么为家庭配置一定的避险资金也是必要的，其中最重要的就是保险。人身保险或者意外保险，能够保障在极端情况下家庭不受根本性的打击，平稳地获得现金流。

2. 现金

这是必须要配置的，家庭每天都会有一定的开支，没有现金显然不行，想要保证中短期的开支不成问题，就要预留三年的现金，这也是对家人负责的表现。

3. 稳健的投资项目

具体包括债券、货币基金等，总之不是股票投资，而是稳健的、收益率高于定期存款的一些投资项目，比如信托产品也是一种选择，基本能够保证每年5%以上的投资收益。

4. 高风险投资项目

例如股票，不投资是不合理的，但如果投资的比例过高，就会面临较大的风险，如果我们选择企业的能力不强，可以选择一些指数型的基金来投资，相对来说更加稳健，也会战胜市场当中绝大多数个股。

80 定律运用到股票投资的财产配置比例上，是一种非常直观的风险管理手段。可以通过“（100-年龄）×100%”来计算投资比例。如 30 岁可以投资股票 70%，其他资产 30%；40 岁可以投资股票 60%，其他资产 40%，其余以此类推。

五、为什么要选择股票投资

股票和房地产哪个更赚钱？十多年来，房价飞涨让房地产成为中国人投资的主要方式，股市则一直不温不火。瑞士信贷发布的《2018 年全球投资回报年鉴》就此给出了答案：相比房地产、债券和黄金，股票才是最好的长期投资标的。

过去 100 多年，房地产的回报率远没有人们想象的那么乐观。《2018 年全球投资回报年鉴》在对城市房价指数进行研究后发现，1900 年以来 11 个国家的实际房价平均回报率（剔除通胀影响）只有 1.3%，美国的房地产回报率最低，仅有 0.3%。经过质量调整（quality-adjusted）后，全球房产的实际资本收益更是低至-2%。

相比之下，股票的回报率不但超过了房地产，还超过了债券和票据。研究显示，1900 年以来，全球股市的收益率比国库券和债券分别高出 4.0%和 3.2%，这也反映了股票投资存在高风险的同时，也拥有更高的回报。从图 1-1 可以看出，美国股票在过去 200 年来的投资回报率明显高于债券和票据。

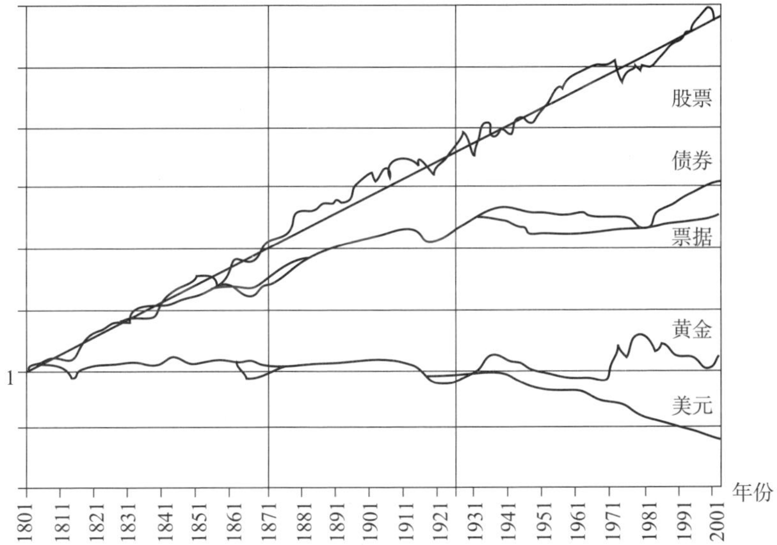

图 1-1　1801—2001 年美国各种金融手段投资回报率示意图

来看看我国的情况，房产是民众的第一资产，占家庭资产近七成（《中国家庭财富调查报告 2017》）。据我们的经验，房产收益相当可观。不过，我们的经验只有短短十几年，长期看房产收益又如何？

我国是一个 M2① 大、GDP② 高、财务焦虑大、股市“常吃面”、房价总是涨的国家。比起黄金、债券，我们更关心以下这些，见图 1-2。

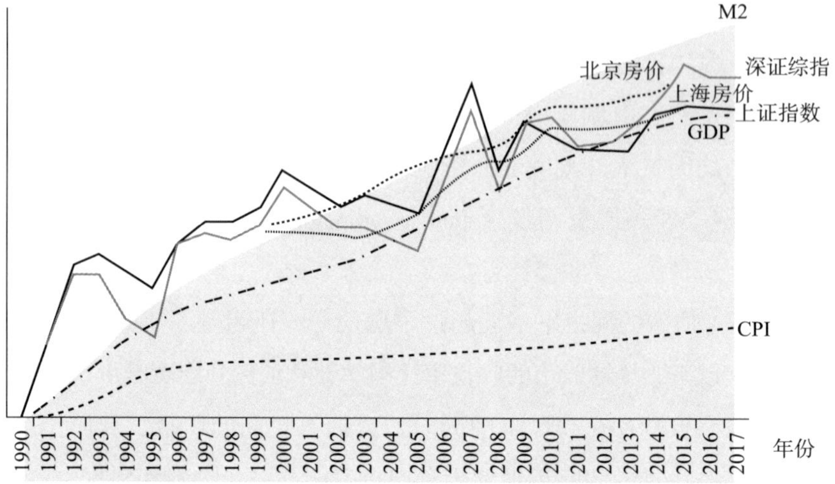

图 1-2　1990—2017 年股指、M2、GDP、CPI、房价的长期收益率示意图

资料来源：国家统计局。

上海证券交易所于 1990 年成立，深圳证券交易所于 1991 年成立，以股息扣税再投入。图 1-2 中用虚线画了四条线：CPI③、GDP、北京房价和上海房价，M2 作为背景。可见，A 股远没那么不堪。

首先，从长期看，无论是上证指数还是深证综指，都远高于 CPI，保值没问题；其次，两指数居然有半数以上时间跑赢了 GDP 增速（我们的 GDP 增速曾经长期是西方国家的 5 倍），持有股指，就比大部分人都厉害；再次，股指还能经常挑战一下房价涨幅；最后，股指曾超越 M2 并基本与其保持一致的

① M2：广义货币（Broad Money），是一个经济学概念，具体见第四章货币供应量部分。

② GDP：国内生产总值（Gross Domestic Product），是按市场价格计算的一个国家（或地区）所有单位在一定时期内生产活动的最终成果。

③ CPI：居民消费价格指数（Consumer Price Index），是反映居民家庭一般购买的消费品和服务项目价格水平变动情况的宏观经济指标。

趋势。

大家可能会对房价有疑问，一来和体感不符，二来2015年以后没数据了？于是，我们又找了民间数据，排序如图1-3所示。

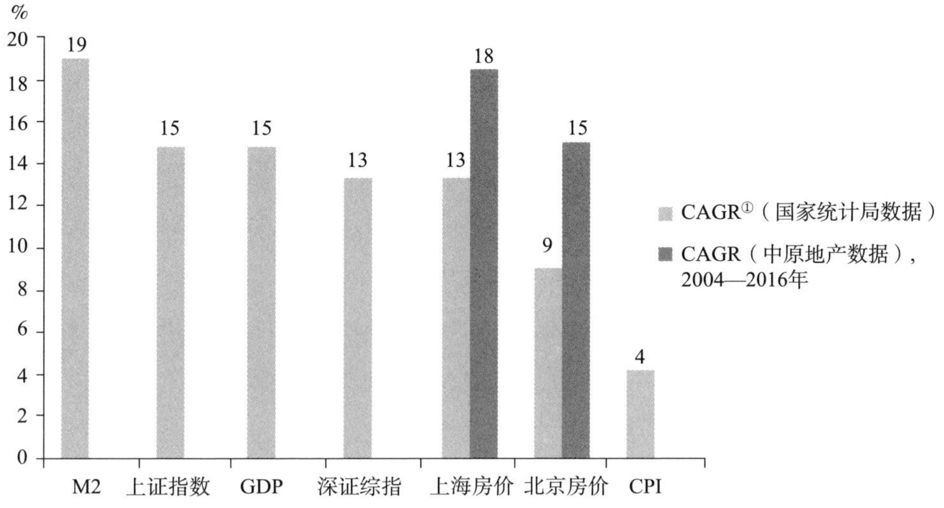

图1-3　长期复合收益率对比

根据国家统计局的数据，北京房价复合年均增长率为9%，上海为13%，而民间数据（中原地产）是15%和18%。当然，中原地产的数据从2004年开始，正好是房价飙涨的起点，国家统计局从1999年算起，很长一段时间房价基本没动，摊薄了年增长率，所以这个差异应该也算合理。从整体看，股指历史收益基本能与超高的GDP增速持平，在13%至15%。

从以上数据可以看出，无论中外，无论是100年、200年还是二三十年，一篮子股票都是普通人能找到的最好的投资目标，可以长期跑赢其他几乎所有资产。

那么，组合一批股票有什么逻辑支撑？以下六点可以参考。

（一）风险溢酬

根据组合理论，一个分散的组合，其个别资产的特有风险被分散，组合

① CAGR：复合年均增长率（Compound Annual Growth Rate），即一项投资在特定时期内的年度增长率。

等于市场篮子时，组合收益=无风险收益+系统风险溢价。

迄今为止，关于系统风险定价仍存在诸多争论。原因之一就是真实市场并非完全有效。在真实市场中，风险和收益往往并不对等，因此，我们不如把风险观转向时间观。

（二）股票回报的模糊公式

股票价值是未来现金流的贴现值。“模糊的正确好过精确的错误”，如果我们用更直观的方式，可以粗略地把一篮子股票的回报表述为：

投资回报=（1+利润变化）×（卖出时的估值/买入时的估值）

举例：我们以 13 倍市盈率买入某资产，若干年后，其市场估值 9 倍，其利润是当初的 33 倍，则投资回报=（1+33）×（9/13）= 2350%，如果这笔投资历时 10 年，那么，总回报是 23.5 倍，其中收益贡献了 33 倍。

（三）估值中枢

股票预期收益包含无风险收益和风险溢价，以此贴现，是估值的实质性基准。

无风险收益是货币的时间成本，是长周期变化因素；历史地看，无风险收益在窄区间波动，向通胀回归；如果考虑剔除通胀的“真实回报”（Real-Return），无风险收益变化对收益的影响将进一步缩窄。

风险溢价与情绪偏好相关，典型如牛市和熊市、蓝筹偏好和小市值偏好等。但长期来看，风险溢价总是向平均系统风险预期回归。

剔除通胀的无风险收益波动域狭窄，风险溢价向系统风险预期回归。两因素加总，使市场长期估值中枢趋于稳定。

围绕估值中枢，多回合长周期下来，估值对一篮子股票回报的影响趋于不显著（如果不是买在上边界、卖在下边界）。实操上，可以谨慎地给未来估值以一定的折扣。

（四）利润变化

比起估值相对稳定，决定投资回报的重头在于利润变化。

如图 1-4 所示，100 多年来，CAGR 为 9.23%，增长中枢为 10%，其中，高于6%的概率为88%。

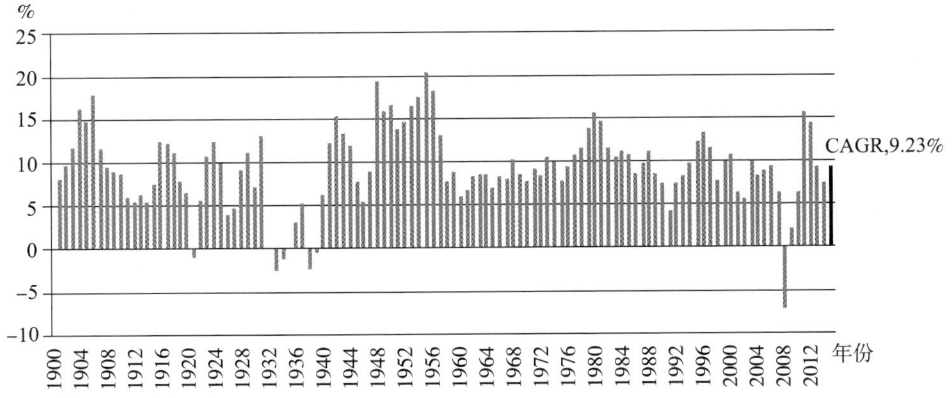

图1-4　1900—2012年标普净利CAGR，10年期滚动

如图1-5所示，沪深300指数于2005年成立，近十年来，整体利润年增幅高达12.15%。

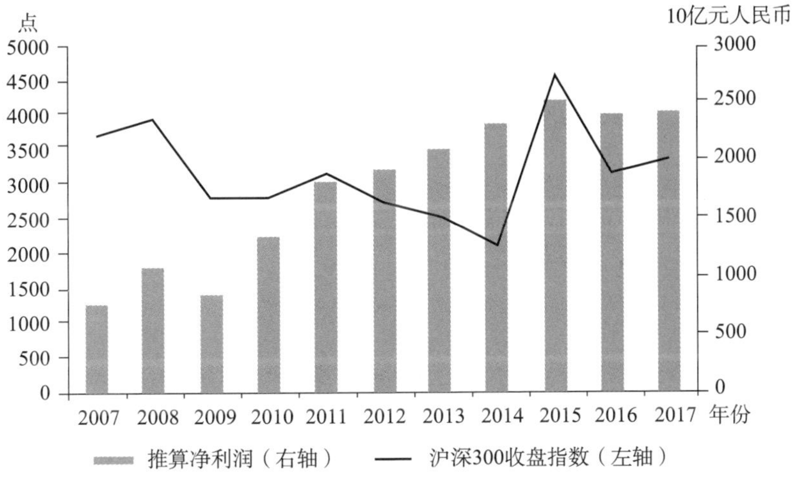

图1-5　2007—2017年沪深300指数10年利润净值

无论是中国还是美国，企业的长期利润增幅均趋于10%，如果投资的是市场篮子（整个市场），那么长期来看，投资回报率会趋于10%，如果投资的篮子好于市场（平均水平），投资回报率将大于10%。

（五）企业的价值创造

通过利润的变化，我们终于来到股票的锚点——企业。股票的长期回报，最终得益于企业的价值创造。那么，企业价值创造的实质究竟是什么呢？

科斯（Ronald H. Coase）提出，企业存在的基础是其对交易成本的优化。在企业内部，市场被替代，企业对资源的主动配置节约了市场固有的运行成本，比如信任、价格形成和一系列契约等，从而形成较价格机制更优的协作体系。本质上，企业是优化的协作体系，它以更高效率和更低成本集聚资源，形成生产力。

企业成长，在于协作体系持续优化的同时扩张边界。科斯进一步指出，边界取决于企业家的配置能力。当配置效率不再优于市场时，额外交易将超过市场成本，此时，企业达到经济边界。具体见图 1-6。

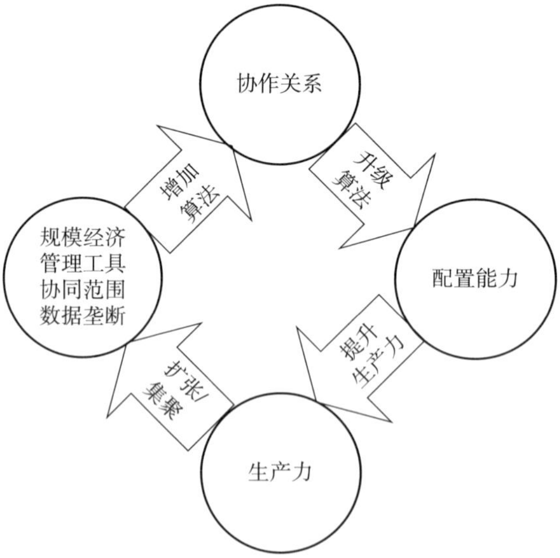

图 1-6　企业交易成本的优化

如果把配置能力比作算法，那么，今天该算法不再仅仅依赖企业家个人。他们更像是协作体系的架构者，以优异的协作关系集聚算力、扩展资源，实现算法、协作体系及其配置能力的升级。

微观上，优质企业以此路径达成螺旋式上升。宏观上，每一次管理变革，都将促成协作关系的优化；每一次科学革新，都将提升生产力。最终，生产力趋势上扬。整体上，企业的价值创造源于生产力及其持续提升。

一篮子股票，是一组持续创造价值且宏观上必然不断升级的生产力。买股票，就是买生产力。

（六）投资选择

今天和历史上的任何时期相比，物质已极大丰富。当然，你可能还有更多物质愿望有待满足，比如更好的房子、车子；同时，世界上还有一些地区和人口仍处于物资匮乏当中。但是，以当今的生产力，批量满足这些需求，不会特别费力，不可否认，人类正在趋近物质丰沛时代。

这些发展其实都有赖于企业的协作，有赖于科技的进步，这是企业存在的核心意义，也是我们选择企业发行的凭证（股票）作为最主要投资目标的根本依据。

第二章

怎样理解股票与投资股票的真实意义

从投资的角度来说，股票确实是最佳的选择，美国股票市场200年来的收益情况也很好地说明了这一点，尽管A股的历史不长，但也有力地说明了这一点，然而现实却又十分残酷地告诉我们，在股票市场里永远都是一赚二平七亏损，为什么一种在长期统计上是赚钱的投资品种，在总体上却表现为只有10%的人盈利呢？这就需要我们从股票的起源说起了。

一、股票的起源与发展

股票距今已有400余年历史。400年前的中国正值明末清初，彼时皇太极刚上位，而在遥远的欧洲，荷兰的阿姆斯特丹，出现了一家载入史册的公司——东印度公司，这是一家国营企业。

这家公司表面上做的是航海贸易，实际上干的是海盗的勾当。他们的工作就是掠夺各国香料以及其他物资，这绝对是高风险行业，因为每次出海前都需耗费大量资金补充弹药与粮食，香料掠夺回来再扣去弹药与粮食的支出，也就只剩一点微薄的利润。所以这些海盗整日绞尽脑汁思考如何解决这笔高额开销，功夫不负有心人，他们终于想到一个方案，就是让本国老百姓也参与进来。

海盗们让老百姓投钱，这样就有了大量资金补充弹药和粮食，等到满载而归，再把钱还给老百姓，还分给老百姓一些掠夺来的物资和黄金，这些物资和黄金就是分红。但这些海盗知道，并非每次都能掠夺到大量物资，而且每次出海归来的时间也很难确定，假如在回国之前投钱的老百姓需要用钱怎么办？于是他们未雨绸缪又搞出一个交易市场。

老百姓投钱给海盗，海盗就给他们一个纸条作为投钱的凭证，上面写着投入的金额，如果想中途把钱取回，不用去找东印度公司，可以拿着凭证去交易市场，把凭证卖给别的老百姓，当然也可以长期持有，因为只要海盗们每次都能满载而归，凭证就会升值。

这就是最早的股票与股票交易。中国的股票也不是20世纪90年代才有，早在1916年，孙中山与沪商虞洽卿就共同建议组织上海交易所股份有限公司，拟具章程和说明书，呈请农商部核准。1920年2月1日，上海证券物品交易所在总商会开创立会，2月6日交易所召开理事会，选举虞洽卿为理事长。

农商部于1920年6月批准在上海设立证券物品交易所，借鉴日本所的运作模式，还聘请了日本顾问。1920年7月1日，上海证券物品交易所开业，采用股份公司形式，交易标的包括有价证券、棉花等七类。这就是近代中国最早的股票。

中国股票发行经历了清政府、北洋政府、国民政府（中间还隔着汪伪政府）、中华人民共和国政府。用于购买股票的币种有银两、银圆、法币、中储券、金元券、人民币等。

股票本质上就是企业的一种股权凭证，买入股票就是买入了企业的一小部分股权，不管是在一级市场还是二级市场，股票的本质意义一直没有改变过。

二、投资股票的真实含义

从股票的起源我们知道了，股票就是企业发行的一种股权凭证，是股份公司为筹集资金而发行给各个股东作为持股凭证并借以取得股息和红利的一种有价证券。每股股票都代表股东对企业拥有一个基本单位的所有权。每家上市企业都会发行股票。

同一类别的每一份股票所代表的企业所有权是相等的，股东所拥有的企业所有权份额的大小，取决于其持有的股票数量占企业总股本的比重。

股票是股份公司资本的构成部分，可以转让、买卖，是资本市场的主要长期信用工具，但不能要求企业返还其出资。

作为二级市场的投资者，买入股票就相当于成了企业的股东，从法律意义上来说，其持有的股票所代表的权利与义务和董事长持有的股票所代表的权利与义务没有区别，只是持有的数量不同，并且投资者本身不参与企业的管理。

三、什么是 K 线图以及 K 线图的作用

股票投资者都无法绕过一个图形，就是 K 线图，或者说，进入股市的第一眼就会看到一张 K 线图，那么投资者真的有认真了解过它吗？知道 K 线图的历史吗？了解它的诞生吗？知道它有什么样的作用吗？

K 线图源自日本德川幕府时代，当时日本米市的商人用 K 线图来记录米市的行情与价格波动，后因其细腻独到的标画方式而被引入股市及期货市场。目前，这种图表分析法在我国乃至整个东南亚地区尤为流行。由于用这种方法绘制出来的图形颇似一根根蜡烛，而这些蜡烛有黑白之分，因而也叫阴阳线图。通过 K 线图，我们能够把某日或某一周期的市况表现记录下来，股价经过一段时间的盘档后，在图上即形成特殊区域或形态，不同的形态表示不同的意义。我们可以从这些形态的变化中摸索一些规律。K 线图形态可分为反转形态、整理形态、缺口和趋向线等。

为什么叫“K 线”呢？实际上，在日本的“K”并不是写成“K”字，而是写作“罫”（日本音读 kei），K 线是“罫线”的读音，K 线图称为“罫线”，西方以其英文首字母“K”直译为“K”线，由此发展而来。

四、决定股票长期涨跌的核心要素

是什么决定股票价格的长期涨跌，这是一个必须要搞清楚的问题，或者说是什么决定了价格。从政治经济学角度来看，价格是价值的货币表现，同

时价格的波动是由供求关系引起的。

劳动决定价值这一思想最初是由英国经济学家威廉·配第提出的，他还指出商品价值量与劳动时间成正比，与劳动生产率成反比。

西方经济学研究价格时主要是从商品的供给角度来考虑其决定因素和变动机制的。

所谓供给，是指在一定时期内，生产者在一定价格条件下愿意并且能够提供的某种商品或劳务的数量。这里强调的是生产者既愿意又能够提供的商品或劳务的数量，即我们常说的有效供给。所谓需求，是指消费者在某一时点上和某一价格条件下，对某种商品或劳务愿意购买并能够购买的数量。这里强调的是愿意购买并能够购买，是一种有效需求。

当供不应求时，商品短缺，购买者会争相购买，销售者就会趁机提价，买方不得不接受较高的价格以满足自身需要，于是出现“物以稀为贵”的现象，也就是出现了卖方市场，是由卖者起主导作用的一种市场类型。由于供不应求，卖方在市场交易中处于有利地位，即使提高价格也能把商品卖出去。

当供过于求时，商品过剩，销售者竞相出售，购买者会持币待购，卖方不得不以较低价格处理过剩的存货，于是出现了“货多不值钱”的现象，也就是出现了买方市场，是由买者起主导作用的一种市场类型。由于供过于求，买方在市场交易中处于有利地位，价格通常趋于下降。

从理论上讲，股票的长期价格变化趋势是由价值决定的，但短期的剧烈波动是由需求决定的，也就是说价值决定长期发展趋势，需求决定短期波动的大小。

投资标的物，也就是企业，无论大盘如何波动，从长期来看，只要企业持续优秀，业绩一直良好，那么股价总是会上涨的。

这里指的市场需求更多的是投资者对于买入股票的态度，当市场上货币充裕，微利率较低，其他投资品种收益较差的时候，投资者对于股票的需求就会增加，当短期内这种需求大幅度增加时，就会带来股票市场的大幅上涨。当市场情绪低迷，投资者对于股票投资充满恐惧的时候，股票就会被以白菜价抛售。

如果是单纯的价值决定价格，没有市场情绪的波动，没有需求的变化，那么股价的运行应该如图 2-1 所示。

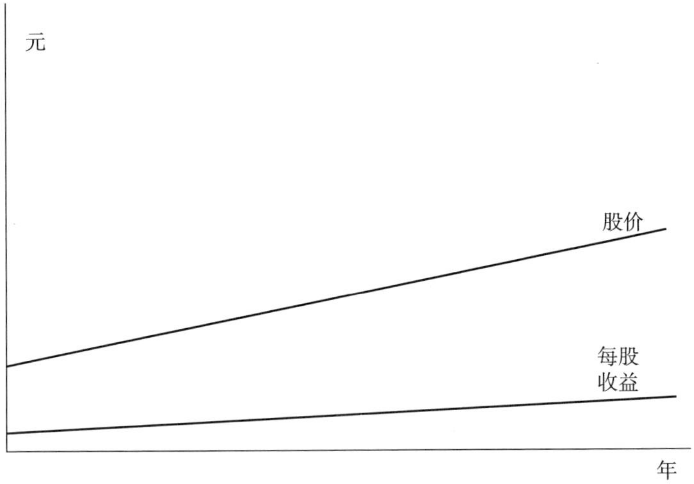

图 2-1　单纯价值决定价格时股价的运行示意图

市场不是理性的，总会有极度的乐观与悲观，总会有情绪上的起伏，因此股价波动在理论上应该是如图 2-2 所示。A 到 E 的过程是供大于求的过程，E 到 H 的过程是供小于求的过程，因此 A 到 E 的过程对应股价下跌，E 到 H 的过程对应股价上涨，但是有一点必须肯定，那就是价格是围绕价值上下波动的。

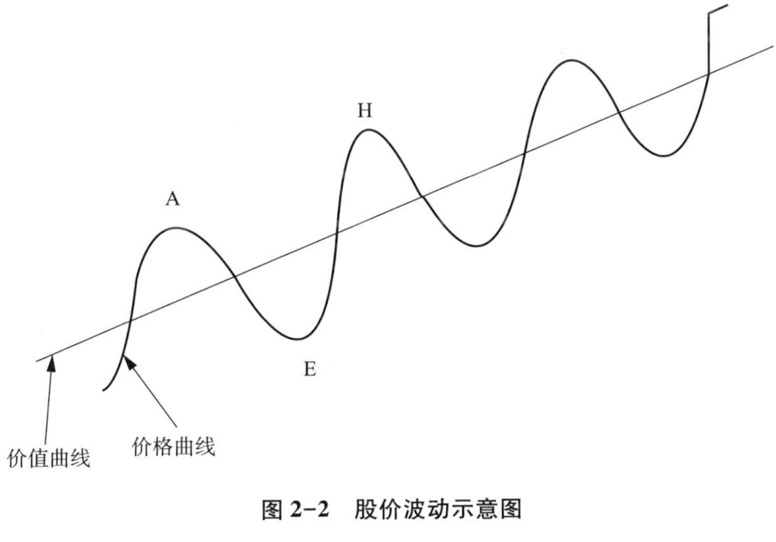

图 2-2　股价波动示意图

现实当中，我们也非常清楚，企业的内在价值也存在着波动，不会一直向上，也会有经营恶化、上下波动的时候，最终企业内在价值与股票价格的关系就变成了如图 2-3 所示。

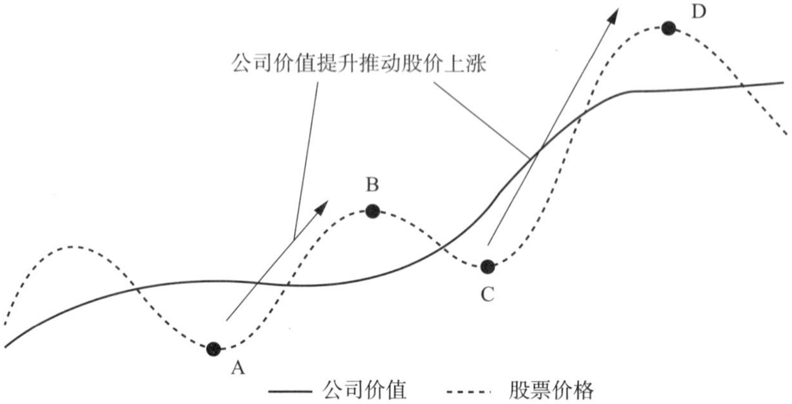

图 2-3　企业价值与股票价格示意图

综上得出结论：股票的长期涨跌是由发行股票企业的内在价值决定的，市场需求会加剧股票价格的波动，但不会从本质上改变股票价格波动的方向，如果想要判断长期股票价格的运动方向，就必须清楚企业未来价值变化的方向，而这种内在价值体现在企业销售收入以及净利润的持续增长上。

第三章

投资理念的作用

成功的投资理念不可能一蹴而就，它靠的是累积，而且因人而异。对股市的认知产生理念，理念产生交易策略（交易法则），交易策略产生交易。因此，理念处于理解和行动之间。

参与股票市场越久的投资者，越容易有这样的感受：投资说到底是一个哲学问题，当你思考“我是谁，我从哪里来，我要去哪里”的时候，其实就是在思考“我要做什么样的投资，我现在应该做什么，我什么时候可以卖出”。投资到最后拼的就是理念，只有对投资有真正的理解，才能在下跌途中敢于持股，越跌越买。

巴菲特说当股票下跌的时候，他会跳着踢踏舞去上班。那么当股票下跌的时候，你的心里会是什么样的感觉？如果一直都是心如刀绞，那你就真的不适合在股票市场里投资。道理非常简单，买入股票本身就是买入资产，资产应该是越便宜的时候买入越多，而不是因为便宜了反而卖出。

股票是企业的一小部分股权，其实市场下跌是机会，市场上涨是风险的积累，当股票下跌的时候应该感到兴奋，而不是恐惧，只有建立这样的基本逻辑，才能把投资做好。

一、为什么高抛低吸是正确的废话

许多人喜爱波段操作，因为既能获得一定的收益，又能避免市场下跌的煎熬，同时还满足了许多人在短期内有一定交易的愿望，但往往想好的高抛低吸，最终可能做成了低抛高吸，总是“理想很丰满，现实很骨感”，为什么会出现这样的现象？做不好波段的原因是什么？

投资从本质上说是成为一个企业的合伙人，与现实当中做实业投资是一样的道理，在股票市场里交易，最根本的是要符合客观现实。

如果做了长时间的高抛低吸都不成功，那一定是判断高低的标准错了，要重新定义判断的标准，使标准更加接近现实，而不是使标准只适用于股票市场，如果离开了 K 线图就不会判断高与低，那就是选择的方法出现了问题。

如果单纯依据图形来判断高与低，且长时间实践证明了交易是失败的，投资收益是不成功的，那么就需要重新评估图形是否真的能够作为高抛低吸的依据了。

如果想做高抛低吸，唯一可以用来判断高与低的标准就是估值，高于估值上限可以卖出，低于估值下限可以买入，这是做好高抛低吸的唯一方法，估值就像一把尺子，把相对的高与低具体量化了，高与低本身是相对的概念，没有参考对象，是无法具体判断的，只有给出一个参照物才能判断，传统的技术分析方法，无法给出这个参照物，比如 5 元钱的股价是高还是低，50 元钱的股价是高还是低，那茅台还高过了 500 元钱呢！没有了参照物，判断高低的时候经常会出现错误，导致低抛高吸，而估值能够非常好地解决这个问题。

二、投资和投机的区别与联系

投资，指国家、企业及个人，为了特定目的签订协议，促进社会发展，实现互惠互利，输送资金的过程；也是特定经济主体为了在未来可预见的时期内获得收益或使资金增值，在一定时期内向某领域投放足够数额的资金或实物的货币等价物的经济行为。具体可分为实物投资、资本投资和证券投资等。资本投资是以货币投入企业，通过生产经营活动取得一定利润，证券投资是以货币购买企业发行的股票和债券，间接参与企业的利润分配。

投资的类型包括房地产、证券、黄金、外币、债券和股票。这些投资也许会提供未来的现金流，也许其价值会增加或减少。总结来说就是一句话，投资是让渡目前消费而期望在未来获得一定收益的行为。投资一般都会经历比较长的时间，特别是投资入股具体的企业，一般都会经历数年的时间，从筹建、研发、生产产品到销售，才会看到具体的投资收益，企业如此循环往复，不断为投资者创造收益。

投机是根据对市场的判断，把握机会，利用市场出现的价差进行买卖，从中获得利润的交易行为。投机就是投资机会，没有机会就不进场交易，如同打猎，不看见猎物绝不开枪。民众日常购买彩票等就是利用所获信息、根据自有资源做出的交易选择，属于投机行为。投机的目的很直接——获得价差收益。

投机可分为实体经济投机和虚拟经济投机两大类，其中内涵最丰富和最复杂的是证券投机。

投机的根本出发点是为了获得价差，或者说现在买入是判断未来会有人愿意出更高的价格买走，所以现在买入的价格与投机品本身的估值关系并不密切，核心的决策依据是判断在未来会有人以更高的价格来接盘，这也是投机与投资的本质区别。

从这么多年的市场实践来看，A 股市场的参与者，很多都是投机者，比如用图形判断短期价格会上涨，所以马上去买入，期望未来的某一天会有人把价格抬到更高的位置，然后卖出获利，这是一种典型的投机思维，因为这种方法的胜率从来也没有超过掷硬币的概率。

股票市场本身具有两种功能——投资、投机。人们来到市场里是投资的，还是投机的，完全取决于自己对于市场的认识，市场更喜欢快进快出的参与者，因为只有快进快出，券商才能获得更高的收益。

三、炒股就是选择与等待的艺术

投资最重要的环节就是选择，选择一个什么样的团队，选择一个什么样的行业，这是第一步，也是基础，只有选择前景美好的行业和企业，投资才有可能成功，如果本身行业很差，企业也一般，想成功就难上加难了，即使等待再长的时间也不可能换来一个成功，也许等得越久亏损越多。选择是基础，等待是条件，只有既会选择，又能够耐心等待，把选择与等待的艺术发挥到极致，投资才有可能获得好的收益。

巴菲特父亲的杂货店从1936年开始以每瓶25美分的价格购进可口可乐，然后以每瓶30美分的价格零售出去。巴菲特6岁（巴菲特出生于1930年8月）的时候就通过贩卖可口可乐赚了一笔，之后他本人更成了可口可乐的忠实顾客，每天都会喝樱桃味的可口可乐。在巴菲特看来，可口可乐拥有强大的品牌效应和遍布全球的营销网络，拥有竞争对手无法逾越的“护城河”。

可口可乐是种“简单”的生意，是巴菲特喜欢的那种。1984—1988年可口可乐的收入增长了13%，净利润增长了60%，其内在投资价值已经开始逐步显现。巴菲特仔细研究了可口可乐过去80年的年报，他发现这个卖糖水给制瓶企业的可口可乐，其毛利率高达80%以上，就好像软件企业一样。这家企业未来的成功取决于它能向全世界卖出多少瓶可乐，数量越多，赚钱越多。在过去80年里，其没有一年销量不是增加的！这80年的重大灾难性事件包括：第一次世界大战、经济大萧条、第二次世界大战、朝鲜战争、越南战争、“冷战”……在这个过程中，可口可乐一直都在成长。巴菲特问自己的问题很简单：到2000年、2025年、2050年……可口可乐的销售量会是多少？这个结论很可能让人垂涎欲滴。然后，将所有的未来自由现金流折现到目前的价值。因此，巴菲特在1988年开始大量买入可口可乐的股票，并因此获得了丰厚的投资回报。

从巴菲特开始消费可口可乐再到他买入可口可乐的股票过去了50多年，这是一个漫长的过程，也是一个反复挑选的过程，显然该过程当中充满等待，如果没有足够的耐心，没有足够吸引人的价格，那么他也不会获得如此丰厚的回报。投资就是选择一个优秀的投资对象，等待合适的买入和卖出时机。

四、技术分析与基本面分析的关系

（一）技术分析

技术分析是指以市场行为为研究对象，以判断市场趋势并跟随趋势的周期性变化来进行股票及一切金融衍生品交易决策的方法总和。经过长期发展和演变，技术分析形成了众多理论，其中有代表性的是道氏理论和波浪理论。

所有的技术分析都建立在三大假设之上。①市场行为包容消化一切。这句话的含义是：所有的基础事件——经济事件、社会事件、战争、自然灾害等作用于市场的因素都会反映到价格变化中。②价格以趋势方式演变。③历史会重演。

技术分析认为关注价格趋势的变化及成交量的变化可以找到盈利的线索，其目的是寻找买入、卖出、止损信号，并通过资金管理在风险市场中长期稳定获利。技术分析有以下几类。

1. 指标类

指标类是根据价、量的历史资料，通过建立数学模型，给出计算公式，从而得到一个体现金融市场某个方面内在实质的指标值，指标反映的内容大多是无法从行情报表中直接看到的，它可为我们的操作行为提供方向，常见的指标有相对强弱指标（RSI）、随机指标（KDJ）、趋向指标（DMI）、异同移动平均线（MACD）、能量潮（OBV）、心理线（PSY）、乖离率（BIAS）等。

2. 切线类

切线类是按一定方法和原则，在根据价格数据描绘的图表中画出一些直线，然后根据这些直线的情况推测价格的未来趋势，这些直线就叫切线。常见的切线有趋势线、轨道线、黄金分割线、甘特线、角度线等。

3. 形态类

形态类是根据价格图表过去一段时间的轨迹形态来预测未来价格趋势的

方法。价格的轨迹形态是市场行为的重要部分，从价格轨迹可以推测出证券市场处在什么样的大环境中，从而对今后的投资有一定的指导意义。主要的形态有 M 头、W 底、头肩顶、头肩底等十几种。

4. K 线类

K 线类是根据若干天的 K 线组合情况，推测金融市场中多空双方力量的对比，进而判断证券市场的行情。

5. 波浪类

波浪类是把价格的上下变动和不同时期的持续上涨、下跌看作波浪的上下起伏，认为价格遵循波浪起伏的规律，数清楚了各个浪就能准确预见跌势已接近尾声，牛市即将来临。波浪理论与别的技术分析最大的区别就是能提前很长时间预计到行情的底和顶，而别的技术分析往往要等到新的趋势已经确立之后才能看到。

（二）基本面分析

与技术分析相对应的分析被称为基础分析，又称基本面分析。基本面分析是指对宏观经济面、企业主营业务所处行业、企业业务同行业竞争水平、企业内部管理水平诸多方面的分析，数据是最大的分析依据，但往往不能以数据来做最终的投资决策，因为除了数据还包括许许多多无法以数据来衡量的东西。

基本面分析的假设前提是：证券的价格是由其内在价值决定的，价格受政治、经济、心理等诸多因素的影响而变动，很难与价值完全一致，但总是围绕价值上下波动。理性的投资者应根据证券价格与价值的关系进行投资决策。价格有时高于价值，有时低于价值，但迟早会回归价值，股价的波动常常远大于基本面的波动。

基本面分析包括：宏观上，研究一个国家的财政政策、货币政策，通过科学的分析方法，找出市场的内在价值，并与市场实际价值做比较，从而挑选出最具投资价值的股票。中观上，研究涉入行业的状态、所处地域条件及相关业务关系等外在要素的集合，主要包括对行业环境、地域环境、业务环境等的分析。微观上，研究上市企业经济行为和相应的经济变量，为买卖股票提供参考依据。

一般的基本面分析会从宏观经济面开始，然后是企业所在行业分析，最后才是企业的分析，这是自上而下的分析方法，当然从投资的角度来说，也有单纯进行企业分析而不太在意宏观与行业分析的情形存在，分析的顺序是企业—行业—宏观，这是自下而上的分析方法。方法没有好坏之分，只要可行就能用。

基本面分析能够帮助投资者找到一个优秀的企业，在这个优秀企业的基础之上，再适当地使用技术分析来判断具体的交易时点，也是可以提高收益、降低风险的。基本面分析给投资者提供了一个坚固的舞台，也就是说基本面分析给技术分析提供基础，只有在优秀企业的基础上去运用技术分析才是有意义的，如果没有挑选到优秀的企业，盲目进行技术分析，显然存在巨大的风险。基本面分析能够寻找优秀企业，给出估值区间，但却不能给出最佳的买入时点；技术分析能够决定交易的时点，但却无法判断高低，也无法判断企业的优秀与否。这两个方法各有所长，相互补充。可以说技术分析与基本面分析的结合是一个高难度动作，如果不能将两者运用自如，那最好只使用单一方法。

五、常识在投资当中的作用

在投资过程中，要对许多事件有原则性的判断，比如我们清楚地知道，股价不可能一直上涨，不可能无限制上涨，这是常识。我们要先慢慢建立常识，然后用常识去做出判断，进而走上正确的投资之路。

常识包含一般性知识，比如周期性知识、企业优势判断知识、风险知识等。一般性知识要求投资者真正把自己放到企业合伙人的角度去思考问题，判断企业的状态，而不能超越企业的现实状况去判断。

当二级市场出现剧烈波动的时候，投资者要从企业合伙人的角度思考问题，而不是单纯考虑价格的运行方式和力度。凡是企业在经营过程中会遇到的问题，在投资过程中也都会遇到，这是正常的，也是常识能够指导投资者的。企业的经营不可能一帆风顺，股价也会有上下起伏，这是正常现象，那么作为企业合伙人，显然不可能在企业经营良好时持有股份而在企业经营陷入困难时卖出股份，这也是常识，因此波动操作是不符合基本常识的，只有现实生活当中出现的现象在股票市场里出现才是合理的。

常识告诉我们不能经常性地交易企业的股权，企业不可能持续长时间超高速地发展，企业的发展总是有大小年，不会是匀速的，研发会失败，成功需要时间来孕育，股价不可能无限制上涨，总是会有回落，同样，股价也不可能无限制下跌，除非公司破产，否则下跌总会有个极限，这都是常识，也都是投资者在投资过程当中必须要经历的。

第四章

宏观经济分析与判断

在投资分析时，首先要进行的是宏观经济分析。宏观投资环境是指影响整个社会资本运行的社会的、经济的、文化的各种要素的综合，它所涉及的变量参数包括：国民经济运行指标、社会发展指标、一国或一地的人文情况、政治法律制度以及地缘关系等。宏观投资环境决定了社会总体投资流向、投资总量以及投资规模与结构。

一、宏观投资环境

（一）经济体制

经济体制是一个国家的基本经济制度，它直接决定了社会经济资源的配置原则和经济运行的方式方法等。不同经济制度下的目标取向是不同的，会对整个社会的经济活动产生根本性的影响，并直接影响到投资的目标定位、管理程序及管理方法等。要认识到市场经济体制是我国的基本经济制度，按市场规律办事，深入研究和分析引起市场变化的各种因素，正确预测市场变化的主要趋势，才能在千变万化的市场环境中找到最佳的投资时机，获得最好的投资效益。市场决定投资，投资反作用于市场，这是永恒的法则。随着我国改革开放的深入发展，建立高效和规范的市场环境是大势所趋，投资既有风险也充满了机遇，如何把握十分重要。

（二）经济运行状况

看一定时期社会的经济运行状况，主要是看社会总供给和总需求的均衡关系。总供给是一国经济实力的体现，而总需求是一国消费能力的体现，两者不平衡表明该国要么生产过剩、消费信心不足，要么生产能力不足，消费不能得到充分满足。宏观经济运行状况对投资的影响是不同的，如果总供给大于总需求，应分两种情况考虑：第一，如果投资是需求引起的，投资增长会转化为消费需求的增长，对推动经济增长具有重要意义；第二，如果投资不是需求引起的，可能对投资有抑制作用，因为社会需求的不足会引起投资收益的下降，如果经济没有增长迹象，投资前景不容乐观。如果总供给小于总需求，总体上对投资是有刺激作用的，因为供给的增长需要投资来完成。投资增长不但会强化社会供给能力，同时也会增强社会消费能力。另外，要对宏观经济运行状况做深入和具体的分析，因为宏观环境不利于投资，并不意味着具体投资事项无利可图。同样，如果宏观环境有利于投资，也不意味着具体投资事项必然能盈利。

（三）经济周期

经济周期是指经济发展过程中扩张与收缩的交替，主要体现在有关经济增长率指标的变化上。一般来说，一个经济周期是由一个扩张期和接下来的一个收缩期构成的，它有两个转折点，即扩张期向收缩期转变的顶点和收缩期开始复苏的最低点。经济周期是世界各国普遍存在的现象，它与投资的关系非常密切，两者既相互作用又相互制约。总的来讲，当经济处在上升阶段时是有利于投资的，特别是在经济刚刚开始回升时，投资成本一般较低，证券市场的各种证券价格也处于较低水平。此时，无论是投资实业还是投资证券，风险均较小，且成本较低，随着经济的增长，收益水平会不断上升。

当经济周期处于上升阶段的后期，社会经济开始出现疲软现象时，则不利于实业和证券投资，因为此时市场信心不足，消费开始下降，投资风险明显增长，预期收益并不乐观，但可以进行适度的银行性金融资产投资，因为此时银行的各种存款利率会提高。作为一个理智的投资者，面对经济周期的变化和影响，应随时自觉和有效地调整投资行为和投资管理方法，以确保投资的安全和稳定。

（四）财政政策

所谓财政政策，是指一个国家一定时期财政收入和财政支出的主体政策。如果国家采用提高税率，同时降低财政支出的财政政策，通常称为紧缩型财政。反之如果国家采用减低税率，扩大财政支出和鼓励投资的财政政策，则称为宽松型财政。一般来讲，宽松的财政政策对投资有促进作用，因为国家增加财政支出，会相应地扩大社会总投资的规模，随着经济增长不断加快，这种财政政策的作用不断体现，并能确保投资具有良好的收益。当经济过热时，采用适度紧缩的财政政策也是十分必要的，但长期采用该种政策，对投资具有明显的制约作用。值得注意的是，财政支出中用于投资的支出是社会投资的重要来源，这种投资除了必须由政府承担的公共性投资支出外，其余投资流向可能预示着会获得较好的投资收益。

（五）货币政策

货币政策是一个国家财政政策的重要组成部分，并与其关系紧密，它是调整国家一定时期货币供给量的基本策略。宽松的货币政策将适当增加货币发行量，而紧缩的货币政策会减少一定时期的货币发行量。货币发行量的变化也会引起市场利率的变动，一般降低利率意味着实行宽松的货币政策，而提高利率则意味着较严格的货币政策。采用何种货币政策，主要取决于当时的经济运行状况和宏观经济管理目标。当然，不同的货币政策对投资决策和投资管理的影响是不同的，有时相同的货币政策对不同投资项目的影响或影响程度也是不同的。如通过利率升降来实施的货币政策，在新货币政策实施时，对实业投资的影响就大于对金融投资的影响，而从长期来看，新货币政策对金融投资的影响可能大于对实业投资的影响。这是因为实业投资和金融投资在投资资本取得的渠道、方式、难易程度和贷款期限等方面存在差异，受市场利率变化及货币政策的影响程度和承受能力有明显差别。另外，在不同的货币政策实施过程中，国家的金融管理政策也会对投资产生一定的影响。

（六）利率

利率的调整和变化对投资市场具有重要的影响。利率作为一种经济杠杆，也是国家一定时期财政政策和货币政策的重要组成部分，它主要服务于政策所需完成的现实目标。利率的调控作用表现在三个方面：一是在经济过热时，为了抑制通货膨胀，适度提高利率；二是在经济低迷时，为了刺激投资和消费，要降低利率水平；三是制定特殊经济事项和特殊行业等的优惠利率和差别利率等。利率对投资的影响是多方面的，有的是直接体现的，有的则是间接体现甚至是要较长一段时间才能体现。利率变化对投资的影响往往是多元化的，如某项利率政策发生变化，可能对现实投资是有利的，但对于长远投资并不一定有利。同样，有时利率变化了，可能对降低投资成本是有利的，但对获取较高的投资收益不一定有利。

另外，利率变化对实业投资和金融投资的影响是不一样的，如降低利率对证券投资具有短期明显的刺激作用，但从长期来看它对实业投资的影响将更为明显。掌握利率周期性波动的规律，对其未来走势有一个科学和正确的预测，这对做出正确的投资决策，合理安排好投资期限，正确测定必要的投资收益率等是至关重要的。

（七）税率

税率同样是财政政策的重要操作工具，所以人们也称其为重要的经济杠杆。总的来讲，提高税率不利于投资增长，降低税率有利于投资增长。从财政状况来看，当经济周期处于收缩阶段时，会适度降低税率，以刺激投资和经济的增长；当经济处于扩张性繁荣或过热状态时，会必要地提高税率，来抑制经济和投资的过分增长。所以，税率主要是通过对未来收益的调整来影响投资的。提高税率意味着投资利润有所下降；相反，降低税率会促使投资利润的上升。

税率的影响从国际资本转移角度来看是明显的，甚至是长久的，如某国长期税率较高，就很难吸引大量国际投资者，还可能会造成国内资本的流出。但对国内固有的投资资本来讲，税率变动对投资的影响并非是长久的，因为税率的变动在造成投资收益变动的同时，也会使投资成本同向发生变动，会增强投资者对低投资收入的承受能力。如果国家采取必要的和有效的优惠税率和差别税率政策，鼓励重点发展的投资项目，税率作为经济杠杆的作用就能充分体现。

（八）产业结构

一定时期社会经济发展的产业结构，是国家宏观产业政策对投资影响的具体表现。产业结构包含多层次和多方面的内容，如产值结构、资本结构、行业结构和就业结构等。一定时期国家的产业结构能否充分发挥其功能，从整体上决定了一国经济的投资规模。在产出目标既定的前提下，产业结构运行机制的状态越好，全社会所需的投资总额就越少。

产业结构主要是通过投资效率反作用于投资。在投资决策中，有必要细致研究长短线产业的关系，因为国家为了保证产业结构投入与产出之间的比例均衡和前后衔接，必然要对其做出合理的结构安排。这里讲的长线是产出大于需求的产业，而短线是产出小于需求的产业。显然抓住短线产业投资，不但投资风险小，收益稳定，而且预期投资收益也较大。但产业政策是由国家制定的，经济形势发展得越快，宏观产业结构的调整速度也就越快。

因此，正确把握国家宏观产业结构的发展方向，注重对经济大环境问题的研究，对于投资决策来讲是必不可少的，因为如果在产业发展方向上判断错误，将会直接导致投资决策的失败。同时，宏观产业政策又必然与政府的各种优惠政策和限制政策紧密相连，一旦没有正确把握投资方向，其失误将很难通过以后的经营来弥补。

二、经济周期的四个阶段及特点

经济周期也称商业周期、景气循环，一般是指经济活动沿着经济发展的总体趋势所经历的有规律的扩张和收缩，是国民收入或总体经济活动扩张与紧缩的交替或周期性波动变化。

它分为繁荣、衰退、萧条和复苏四个阶段，表现在图形上叫衰退、谷底、扩张和顶峰，也是现在普遍使用的名称，如图 4-1 所示。

衰退阶段出现在经济周期高峰过去后，经济开始滑坡，由于需求萎缩，供给大大超过需求，价格迅速下跌。

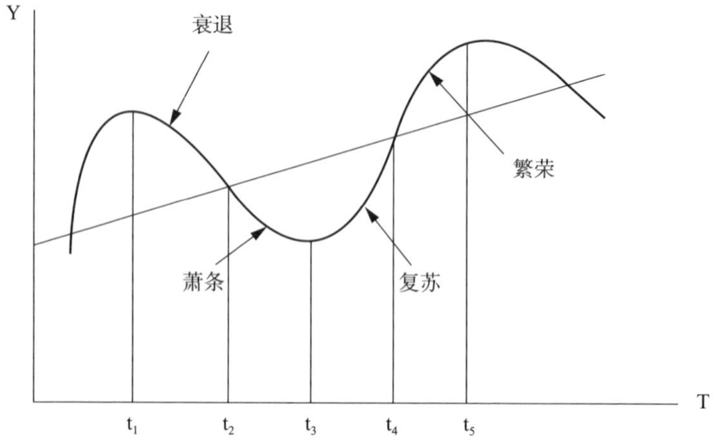

图 4-1　经济周期的四个阶段划分

萧条阶段是经济周期的谷底，供给和需求均处于较低水平，价格停止下跌。在整个经济周期演化过程中，价格波动略滞后于经济波动。

复苏阶段开始时是前一周期的最低点，产出和价格均处于最低水平。随着经济的复苏、生产的恢复和需求的增长，价格也开始逐步回升。

繁荣阶段是经济周期的高峰阶段，由于投资需求和消费需求的不断扩张，超过了产出的增长，刺激价格迅速上涨到较高水平。

作为投资者，特别是以基本面分析为主的投资者，必须关注经济基本面的变化，经济周期的变化会影响投资品种的选择，同一个投资品种在不同经济周期的收益率会有巨大差别。

三、判断经济周期的指标

（一）经济周期变化过程的三类指标

1. 先行指标

先行指标是预示未来月份的经济状况和可能出现的商业周期性变化，并为分析者提供利率趋势变化早期迹象的市场指标。这些指标的高峰和低谷顺次出现在经济周期的高峰和低谷之前，因此对经济状况有预示作用。先行指标有货币供应量、采购经理人指数（PMI）、土地成交量、10年期债券的收益率曲线等。先行指标一般能在总体经济活动发生变化之前6个月达到顶峰和谷底。投资者采用该指标可以事先知道经济活动的转折点，从而采取恰当的投资策略。

2. 同步指标

同步指标是其达到高峰或低谷的时间与宏观经济出现高峰或低谷的时间大致相同的指标。同步指标可描述宏观经济的运行轨迹，确定宏观经济运行的高峰或低谷位置。它是分析现实经济运行态势的重要指标。同步指标的变动与一般经济情况基本一致，可以显示经济发展的总趋势，并确定或否定先行指标预示的经济发展趋势。主要的经济同步指标有国内生产总值、工业总产值、社会消费品零售总额等。

3. 滞后指标

滞后指标是在时间上落后于经济周期波动阶段的指标。此类指标的变化一般滞后于国民经济的变化，有助于验证先行指标所表示的经济趋向是否真实，如失业率、库存量、银行未收回贷款规模、全民固定资产投资、零售物价总指数、消费品价格指数、集市贸易价格指数等。

在二级市场投资中，我们会经常性地参考先行指标，因为一般情况下，股市会提前半年到九个月反映实体经济的运行状况，当同步指标已经显示经济运行发生变化的时候，股票市场已经走出很远一段距离了，上涨或者下跌了很长一段，同步指标就显得没有意义了，滞后指标就更加没有参考价值了，同步指标可以用来验证先行指标的正确与否，滞后指标也只能起到验证作用，但已经是事后的验证了。

（二）判断经济周期底部的指标

判断经济周期底部一般会参考以下几个指标：PMI、货币供应量、国债收益率曲线、土地成交量、消费者信心指数等。

1. PMI

PMI的英文全称为Purchasing Managers' Index，中文含义为采购经理人指数，是通过对采购经理的月度调查汇总出来的指数，反映了经济的变化趋势。

PMI 是一套月度发布的、综合性的经济监测指标体系，分为制造业 PMI、服务业 PMI，也有一些国家建立了建筑业 PMI。PMI 50 为荣枯分水线。

制造业 PMI 最早起源于 20 世纪 30 年代的美国，经过几十年的发展，该体系现包含新订单、产量、雇员、供应商配送、库存、价格、积压订单、新出口订单、进口等商业活动指标。

服务业 PMI 体系则包括商业活动、投入品价格指数、费用水平、雇员、未来商业活动预期等指数，但因其建立时间不长，尚未形成综合指数。

PMI 具有以下特点：

（1）及时性与先导性

PMI 是经济监测的先行指标。由于采取快速、简便的调查方法，每月发布一次，在时间上大大早于其他官方数据。在 PMI 基础之上发布的商务报告，是所有宏观经济序列数据中滞后期最短的报告之一。

（2）综合性与指导性

PMI 是一个综合的指数体系，尽管指标不多，但涵盖了经济活动的多个方面，其综合指数反映了经济总体情况和总的变化趋势，而各项指标又反映了企业供应与采购活动的各个侧面，尤其是 PMI 中一些特有的指标是其他统计指标中所缺少的，如订货提前期与供应商配送时间等，有助于详细分析行业发展走势的成因，为国家宏观经济调控和企业经营提供了重要依据。

（3）真实性与可靠性

PMI 问卷调查直接针对采购与供应经理，取得的原始数据不做任何修改，直接汇总并采用科学方法统计，保证了数据来源的真实性。同时进行季节性调整，减少季节性波动、法规制度和法定假日等因素变化所造成的影响，具有很高的可靠性。

（4）科学性与合理性

PMI 样本选择涵盖了不同行业，按照各行业对 GDP 的贡献大小选取一定数量的企业，贡献大的行业样本多，贡献小的行业样本少；考虑地理分布，样本企业要具有足够的地域代表性；还要考虑企业规模，不同规模的企业均有代表性。这样，可以减少随机波动带来的误差。在首次抽样选择之后，样本基本确定下来，但每年或每半年要对样本进行抽查，根据企业、采购经理的变化及时调整。

（5）简单易行

PMI 问卷调查是非定量调查，数据采集和加工简单易行，保证了其作为预测工具的连续性、及时性和可靠性。问卷对每个指标都有明确解释。问卷还列出了几个开放性问题，包括采购策略、价格升高与降低的原材料与短缺品种等，为研究提供了更为具体的信息。

PMI 是一个综合指数，由 5 个扩散指数加权而成，即产品订货（简称订单）、生产量（简称生产）、生产经营人员（简称雇员）、供应商配送时间（简称配送）、主要原材料库存（简称存货）。这 5 个指数依据其对经济的先行影响程度而定，各指数的权重分别是：订单 30%，生产 25%，雇员 20%，配送 15%，存货 10%。计算公式如下：

PMI＝订单×30%+生产×25%+雇员×20%+配送×15%+存货×10%

PMI 是政府部门调控、金融机构与投资企业决策的重要依据，它是先行指标。PMI 指数与 GDP 具有高度相关性，且其转折点往往领先于 GDP 几个月。如图 4-2 所示。

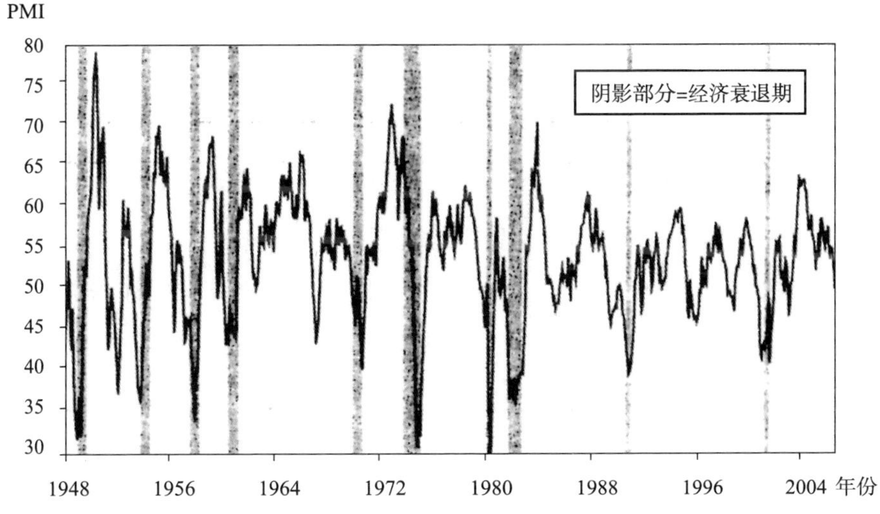

图 4-2　PMI 与经济衰退期

资料来源：美国供应管理协会，美国国家经济研究局。

监控PMI能够较好地预判未来几个月的经济发展趋势，能够为投资提供较好的决策依据。美联储前主席格林斯潘在一次会议上被记者问道："当你被流放到荒岛上，同时你还要调控美国的经济，你需要什么？"格林斯潘回答："PMI。"足见PMI的重要程度。

2. 货币供应量

货币供应量对股票市场有重要影响，股票市场对货币供应量和货币政策也有一定影响。由于我国是新兴的股票市场，股价在很大程度上由股票的供求关系决定，即由一定时期内的股票总量和资金总量的对比决定。具体来说，有几个重要概念需要了解。

M0：是指银行体系以外各个单位的库存现金和居民的手持现金之和。

M1：是指M0加上单位在银行的活期存款。

M2：是指M1加上在银行的定期存款和城乡居民个人在银行的各项储蓄存款以及证券客户保证金。M2与M1的差额，即单位的定期存款和个人的储蓄存款之和，通常称作准货币。

M1和M2是用来分析宏观经济货币宽松程度和趋势的指标，它们与股市有着非常密切的关系。如果股市上涨趋势明显，赚钱效应就会促使投资者将收益较低的固定存款等其他投资资金转移到股市，从而增加M1的总体数量。相反，如果股市没有上涨趋势，资金就会撤离，投入其他较固定的资产中去，从而降低M1的总体数量。

因此，M1与股市的发展变化趋势是正相关的，可以提前反映宏观经济形势，其与股市的变化同步或略有提前。

从图4-3中我们也能够看到，M1、M2的增长速度，与上证指数的同步关系还是相当明显的，这也说明货币供应量的变化对于股市波动的影响是很显著的。

3. 国债收益率曲线

在美国等市场经济发达的国家，国债收益率已成为金融市场的基准利率，也成为投资者判断市场趋势的风向标。其作为基准利率的最大优势在于期限

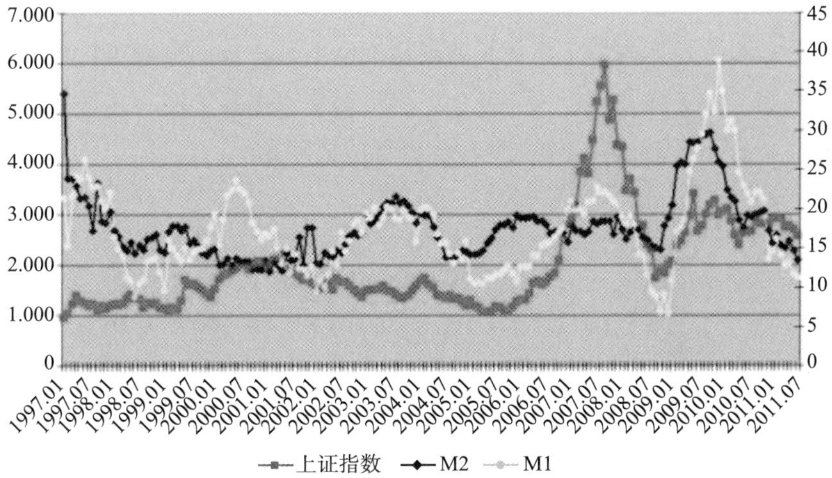

图 4-3　M1、M2（增速）与上证指数

的多样性，由各种期限国债交易所形成的利率能形成一条完整的收益率曲线。

总体来说，长短期国债之间的利差关系变化体现在国债收益率曲线上，使国债收益率曲线表现出不同的形态，并在一定程度上预示了宏观经济发展周期的变化趋势。由此可见，国债收益率曲线不仅可以作为判断和反映未来利率走势、未来经济增长和通货膨胀率趋势的工具，而且可以成为货币当局选择货币政策措施的有力依据。

宏观经济的发展也会使国债收益率曲线发生变化。当经济增长时，收益率曲线呈现陡峭态势；当经济衰退或下滑时，收益率曲线呈现趋平态势。作为市场利率的基准，国债收益率曲线已成为一国经济增长的风向标。

管理机构可以通过一些具体措施来改变基准收益率的形状，为经济发展服务。例如 2012 年美国经济复苏势头不稳，就业引擎也日渐乏力，美联储于 6 月 20 日结束了为期两天的货币政策例会，宣布将原定于 6 月底到期的“扭曲操作”（Operation Twist）延期至 2012 年底，在不扩张资产负债表的前提下，卖出 3 年期及以下的短期国债 2670 亿美元，同时购买 6~30 年期限的长期国债，并将机构债和机构抵押支持债券（MBS）的到期收益用于再投资。美联储的这一政策措施称为“扭曲操作”，目的是压低长期利率，从而刺激抵押贷款持有人进行再融资，降低借贷成本，刺激经济增长。具体来说，卖出短期国债，将导致短期国债价格下跌，短期资金市场供给紧张，短期资金收益率上升。买入长期国债，将使长期国债价格上升，长期金融市场资金充裕，国债长期收益率下降。通过这一操作，将短期利率提高，同时压低长期利率，相当于对收益率曲线进行一次“扭曲”。具体见图 4-4。

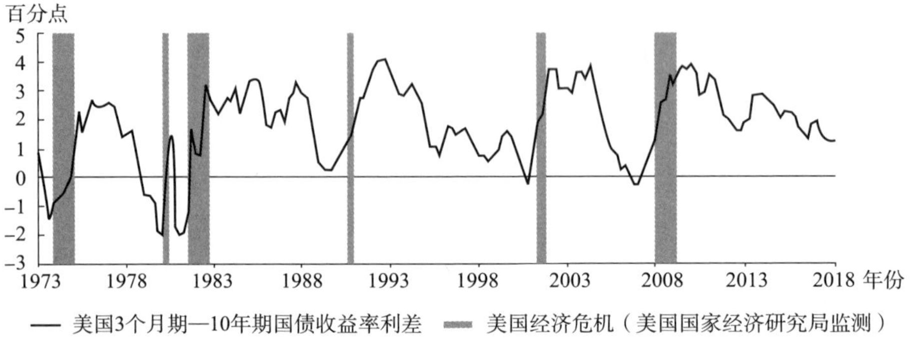

图 4-4　美国 3 个月期—10 年期国债收益率利差与经济衰退的关系

4. 土地成交量

土地是人类赖以生产和生存的基本资源和环境，是一切社会生产经营活动的必需载体和城市社会经济发展的必要基础，它历来被称为财富之母。土地不仅作为“资源”“场所”发挥生产功能，更是一种“资产”“财产”。由于土地资源的存量是固定的，随着土地等不可再生资源的大量耗费，我们已经认识到土地的固定供给成为生产能力的一种严格约束。土地的限制将成为“增长阻力”（Growth Drag），即资源与土地的约束引致每个工人平均的资源利用量与土地利用量下降。

在现代经济中，城市经济是一个国家或地区经济发展的核心。城市规模的扩张和经济的发展都要有相应的土地供给作为保障。因此，土地供给对经济周期的影响主要体现在城市的土地供给上。从地域上看，城市土地有三个层次，第一层次是城市市区（建成区）的土地，即城市建设用地；第二层次是城市规划区的土地，目前大部分仍为农副业生产和村镇占用的土地；第三层次是城市行政区的土地，包括城市规划区和城郊土地。从城市土地的供给角度看，有两方面的含义：一是城市土地的自然供给，即天然的可供人类利用的各类土地资源的数量总和；二是城市土地的经济供给，即在自然供给的基础上进行开发以后，成为人类可直接用于生产、生活的土地供给。城市土地的经济供给是有弹性的，决定土地经济供给的因素主要有土地价格、税收等政府政策、土地利用计划和规划等。城市土地需求是一种引致需求，包括因经济增长与人口聚集引起土地需求总量增加和因社会经济发展以及产业结构调整引起土地需求结构变化两个方面。

我国每年增加的建设用地，可分为国家建设用地与集体建设用地两大类，前者包括城市建设用地、建制镇用地、独立工矿用地、铁路用地、公路用地、水利工程用地及其他用地几类，后者包括农村道路用地、农田水利用地、乡镇企业用地、集体独立工矿用地、农村个人建设用地等。虽然城市建设用地每年只是新增一小部分，但城市土地具有较强的社会性，承载着社会化程度较高的经济系统，而城市面积的扩大能比较准确地反映城市土地供给净增加量，改革开放以来，我国城市土地供给的总体趋势是上升的，它还表明，城市土地面积波动与城市固定资产投资的波动是基本一致的。通过分析 1987—1990 年、1999 年至今两个周期的城市土地面积增量与 GDP 波动情况，可以看出它们的变化是基本一致的。

5. 消费者信心指数

消费者信心指数是反映消费者信心强弱的指标，是综合反映并量化消费者对当前经济形势评价和对经济前景、收入水平、收入预期以及消费心理状态的主观感受，由消费者满意指数和消费者预期指数构成。前者指消费者对当前经济生活的评价，后者指消费者对未来经济生活发生变化的预期。

20 世纪 40 年代，美国密歇根大学的调查研究中心为了研究消费需求对经济周期的影响，首先编制了消费者信心指数，随后欧洲一些国家也先后开始建立和编制消费者信心指数。

1997 年 12 月，国家统计局开始编制中国消费者信心指数。2002 年初，北京在广泛借鉴国内外经验的基础上，在省市一级率先建立了消费者信心指数调查制度。2002 年第四季度，北京市统计局正式向社会发布“北京消费者信心指数”，并确定了今后按季度调查发布的制度。

该指数以1997年底为基期，动态反映消费者信心指数的变化。指数数值越高，表明消费者信心越强。股市投资者偏好向上增长的消费者信心指数，因为其代表着消费者有较强的消费意愿，有利于经济扩张。债市投资者则偏好向下减少的消费者信心指数，因为其代表着消费者消费意愿不强，经济趋缓的可能性较高。

由于具体计算方法不同，消费者信心指数的取值有两种：一是取值在0~200，100是中值，表明消费者的信心（或情绪）是一种中立态度。0表明极度悲观情绪，200则是极度乐观情绪。二是取值在0~100，50是中值，100反映的是极度乐观情绪。

（三）判断经济周期顶部的指标

经济过热指市场供给发展的速度与市场需求发展的速度不成比例。经济过热可以分为消费推动型经济过热和投资推动型经济过热。由于居民消费旺盛而导致的经济过热称为消费推动型经济过热。投资推动型经济过热，亦即过度投资，它包含两方面的意思：

一是投资项目完工后，生产的产品没有达到预期的市场需求，产品大量堆积，资金无法收回，导致生产资料严重浪费。在这个层面上的过度是指投资相对市场需求过度。二是投资规模铺得过大，超过了财力负担的能力，使得项目不能按预定计划完成，无法形成预期的生产能力。在这个层面上的过度是指投资规模相对于财力负担过度。

经济过热的具体表现为：固定资产投资增长速度连续几年明显快于GDP的增长速度。能源原材料供应紧张，价格上涨太快，产能过剩，产品积压。资源环境压力增大，安全生产事故时有发生。经济增长所带来的资源消耗高、浪费等问题，加剧了环境保护的压力，也是经济过热的一个表现。实体经济过热，必然会导致股票市场过热，在二级市场判断市场是否过热，一般会使用以下几个指标。

1. 产能利用率

产能利用率用于衡量一个国家的制造部门在生产过程中在多大程度上对

国内产能进行了利用。从数值形式上讲，产能利用率就是工业生产指标与总体产能指标之间的比值。通常产能利用率低（78%以下）意味着国民经济即将进入衰退期，或者已经处于衰退期。当产能利用率可以达到或接近90%的水平时，意味着国民经济即将进入繁荣期，或者已经处于繁荣期。

产能利用率与GDP具有较为稳定的关系，在产能利用率从底部上升初期，GDP增速较快；在产能利用率下降阶段，GDP下降较快。具体参考美国相关情况，见图4-5。

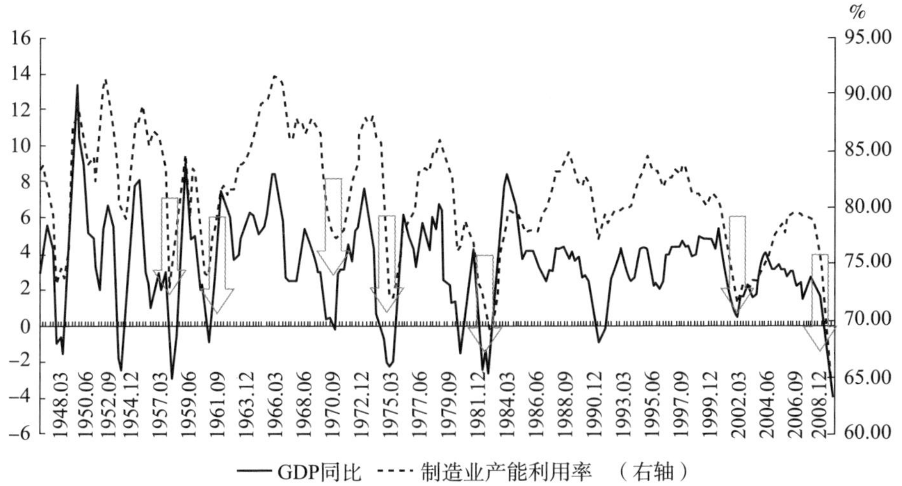

图4-5 美国GDP同比与制造业产能利用率

2. 固定收益市场

固定收益市场主要指大宗商品收益，最主要的是石油。人们常说石油是工业的血液，对于石油进口较多的国家，如果没有石油战略储备，一旦石油进口中断，必然会对各行各业造成灾难性冲击，例如交通瘫痪、生产停滞等。经济的持续发展需要源源不断的能源供给。目前，石油在世界能源结构中所占的比重约为40%，在可预见的将来仍是最主要的能源。

世界银行前行长沃尔芬森指出，国际市场原油价格上涨10美元/桶并持续一年，世界经济增长率就会减少0.5个百分点，其中发展中国家减少0.75个百分点。

国际油价上涨对我国经济的影响表现在两个方面：直接的影响为外汇支出增加、净出口减少，进而降低 GDP 增长率，并拉动物价上涨。间接的影响为产品出口面临着下降的潜在危险：一是以石油为主要燃料、原料的产品，因生产成本上升导致竞争力下降，从而使出口面临下降的潜在危险；二是出口对象国因油价上涨而国际收支出现困难，进而降低进口能力。

每一次石油价格的大幅上涨都会带来全球经济的大幅衰退，距今最近的一次为 2008 年，国际原油价格曾经达到 147 美元/桶，随后带来的是全球经济危机，当然这次危机不完全由原油引起，但也与原油有一定的关系。

光大证券研究表明油价上涨对我国经济的间接影响不容忽视：油价上涨，除了直接带动交通与居住燃料价格上涨，还将推升替代能源煤炭的价格，同时会推升生物燃料玉米以及化肥的价格，进而推升养殖成本。估算表明，油价上升 10%，煤价平均上涨 3.4%，玉米期货价格上升 1%~3%。油价的过快上涨终将导致整体经济增速放缓。

3. 房地产市场的状况

房地产是国民经济的重要组成部分，在经济体系中属于基础性、先导性的产业。房地产周期与宏观经济周期可以从两个层面来分析。

首先，随着经济发展阶段不断上升，房地产经济景气与宏观经济景气的相关度逐渐提高。一方面，房地产经济景气趋势与宏观经济景气趋势逐渐从早期的逆周期转变成正周期；另一方面，房地产经济震荡也随着产业发展水平的提高而逐渐趋于稳定。

其次，从经济周期不同阶段的展开过程来分析，房地产周期作为宏观经济的重要组成部分，其发展速度更快，故早于宏观经济周期到达繁荣阶段，当宏观经济进入繁荣阶段时，房地产周期可能已经进入了衰退阶段，并且在收缩阶段的持续时间可能要长于宏观经济周期。

对于房地产经济周期与宏观经济周期的关系，可以进一步分析如下：

第一，宏观经济开始复苏后，房地产投资与开发也随之上升，但因物业开发的实质效应，使得房地产的复苏会略晚于宏观经济的复苏。

第二，房地产经济开始复苏后，在宏观经济持续增长的带动下，房地产的需求不断上升，但由于房地产供给短期刚性，加上保值增值心理的作用，房地产价格全面上扬，与此同时，随着地产价格的上扬，房地产开发商的资产快速膨胀，在银行提供大量资金支持的情况下，经过投资的乘数作用，房地产市场快速上升，早于宏观经济周期进入繁荣阶段。

第三，由于房地产周期的繁荣更早来临，加之各行业相互消长的综合影响，房地产业通常比宏观经济更早进入衰退，即当宏观经济进入繁荣阶段，房地产经济已经出现了停滞乃至衰退。

我们将第三产业中的房地产和第二产业中的建筑业定义为广义的房地产业，其在 GDP 中直接占比达 13%。根据 2012 年投入产出表的计算结果，广义房地产业的 GDP 每增加 1 个单位，将带动其他行业的 GDP 增加 1.6 个单位，如果据此计算的话，我国 1/3 的经济与房地产有关。2016 年 6.7%的 GDP 增长中有 2.4 个百分点是由广义房地产业拉动的，所以说 2016 年的 GDP 增长靠地产和基建并不夸张。

正是由于房地产的影响面足够广，因而关注房地产市场的价格与成交的数量可以预测宏观经济顶点何时到来，每当房价快速大幅度上涨的时候，就意味着经济存在过热的风险。

四、不同经济周期的投资品种选择

根据经济循环周期所处阶段的不同，可以选择不同的投资品种，如图 4-6所示。

（一）衰退阶段

这个阶段不是投资的好时机，经济增长停滞，大宗商品价格下跌，企业生产能力降低，大量人员失业，利率下降，收益率曲线急剧下行，居民消费预期降低，这个阶段工业发展接近尾声。股市中消费、信息等板块比较强，而金融行业比较弱，债券是最佳选择。

（二）复苏阶段

这个阶段经济开始回暖，消费者预期上涨，工业生产增长，企业盈利大

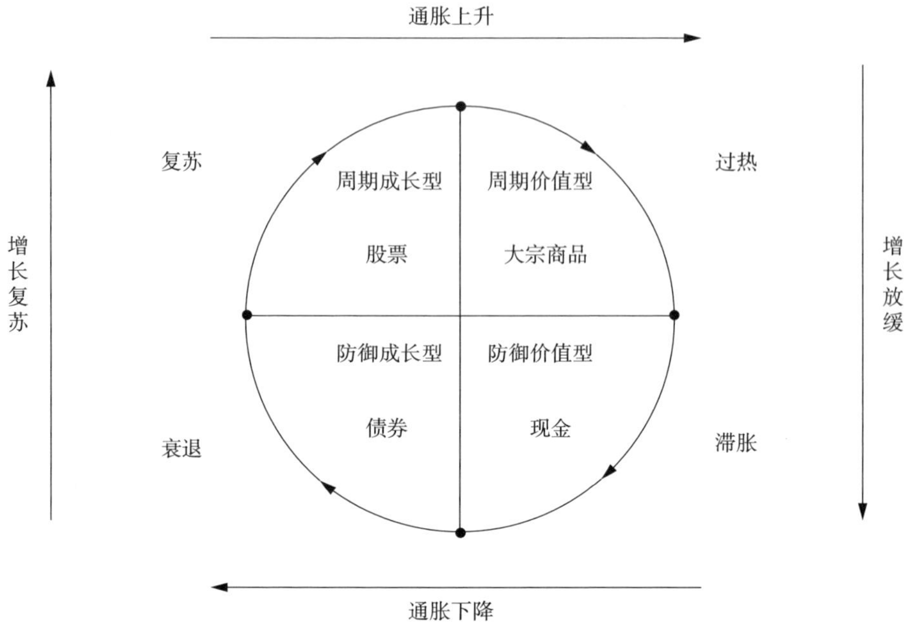

图 4-6　不同经济周期的投资品种选择

幅上涨，央行政策宽松，通胀率继续下行，收益率曲线开始陡峭，在这个阶段工业处于起点附近，能源行业接近尾声。股市中金融、电信等板块比较强，而公共事业、能源等比较弱，股票是最佳选择。

（三）过热阶段

这个阶段通胀率开始较快上升，收益率曲线扁平化，央行加息，消费者预期开始下降，工业生产平平，能源行业处于起点附近，股市中能源、原材料等板块比较强，而消费、金融等比较弱，大宗商品是最佳选择。

（四）滞胀阶段

这个阶段经济增长下降，通胀率还在上升，消费者预期降低，工业生产下降，企业盈利下降，利率处于高点，收益率曲线比较平，甚至开始反转，股市中消费、通信等板块比较强，而金融、能源等比较弱，服务业处于起点附近，运输行业接近尾声，持有现金是最佳选择。

宏观经济中的各个行业对于经济周期的反应是有先后顺序的，有的早于总体经济见底，有的晚于总体经济见底，一般来说，化工、钢铁、建筑材料、交通运输、重型卡车等周期类行业及汽车、旅游和零售等可选消费类行业，业绩见底的时间早于整体市场，因为这些周期性行业对经济下行更敏感，或者是对消费变动的反应弹性更大，因而这些行业的股价往往也会在股市周期下行阶段先行下跌，在下一轮股市周期开始的时候先行反弹。这些行业属于先进先出的行业，先于经济周期的见底而买入，先于经济周期的见顶而卖出。

食品饮料和制药等稳定性行业业绩见底基本与整体市场同步，原因在于这些行业业绩受经济周期的影响不大，而且其业绩的波动要小于其他行业，这些行业在全市场业绩下行初期有一定的防御性，但在全市场业绩周期底部则没有明显的超额收益。这些是弱周期的行业，可以长期持有。

银行和煤炭行业的业绩见底通常要晚于整体市场，这是由于只有当其他行业的需求降下来以后才能逐步传导至金融和煤炭行业，银行股和煤炭股在全市场业绩下行初期还有比较好的表现，这也是其在经济下行初期具有防御性的原因，银行股的超额收益，随着全市场业绩底部的临近而逐步收缩，而煤炭股具有类似的特征，只不过超额收益衰竭的速度和幅度比银行股更为明显，这些行业属于后周期类，行业的反应速度要慢于总体经济周期。进行行业性投资前，要清楚自己选择的行业在经济周期当中的位置，是属于先进先出，还是没有周期性或者是后进后出，根据对经济周期的总体判断进行适当操作，才能知道自己投资的行业在总体经济当中的位置。

五、宏观分析对于股票投资的意义

（一）把握证券市场的总体变动趋势

在证券投资领域，宏观经济分析非常重要，只有把握住经济发展的大方向，才能把握证券市场的总体变动趋势，做出正确的长期决策；只有密切关注宏观经济因素的变化，尤其是产业政策、货币政策和财政政策因素的变化，才能抓住证券投资的市场时机。

（二）判断整个证券市场的投资价值

证券市场的投资价值与国民经济整体素质、结构变动息息相关。这里的证券市场的投资价值是指整个市场的平均投资价值。在一定意义上说，整个证券市场的投资价值就是整个国民经济增长质量与速度的反映，因为不同部门、不同行业与成千上万的企业相互影响、相互制约，又共同影响国民经济发展的速度和质量。宏观经济是个体经济的总和，因而企业的投资价值必然会在宏观经济中得到反映，所以，宏观经济分析是判断整个证券市场投资价值的关键。

（三）掌握宏观经济政策对证券市场的影响力度

证券市场与国家宏观经济政策息息相关。在市场经济条件下，国家通过财政政策和货币政策来调节经济，或挤出泡沫，或促进经济增长，这些政策直接作用于企业，并进一步对证券市场产生影响。因此，必须认真分析宏观经济政策，掌握其对证券市场的影响力度，以准确把握整个证券市场的运行趋势和各个证券品种的投资价值及变动方向。这无论是对投资者、投资对象，还是对证券业本身乃至整个国民经济的快速健康发展都具有非常重要的意义。

六、为什么最短投资周期是三年

在投资过程中，总有一个投资周期，这个周期应该是多长时间比较合适？在买入个股之前，我们应该做好投资几年的准备，如果只考虑几个星期或者几个月的时间，那么投资将是非常困难的，也很难取得好的投资成果。笔者认为，这个周期一般是三年，三年是最短周期，如果短于三年，最好就不要做这样的投资决策。

为什么是三年呢？时间再长一点是否可以？这主要是从经济周期以及企业发展的角度来考虑的。我们知道，经济周期的平均时长一般为七年，这也是市场经济体多年的统计结果，显然这个周期的波动会一直存在，那么我们做一个投资决策，至少要是这个周期的一半长度，否则我们可能只经历了持续的下跌，而没等到周期开始上行的时候就已经放弃了坚守，这是一个非常重要的原因。另一个原因就是企业的发展，一般来说企业想要有阶梯式的发展，最小周期也是三年，没有三年的不断积累和进步，哪有企业的收入与利润的增长？收入与利润的增长是总市值增加的前提和条件。而且，股价的短期表现与企业的发展情况基本没有关系，而只有把时间拉长，股价的波动才会与企业的发展相关，这种相关性的时间长度也至少为三年，最好是五年以上。

我们再来看一下基金，尽管投资基金与投资股票有所不同，但在理念上是大致相通的。2019 年 2 月 28 日之前已运作满三年的定开混合基金在各自封闭期的平均收益率达到 86.06%，平均超额回报 74.40%。也就是说，以三年为限，这些基金都是赚钱的，而如果把时间缩短，其赚钱的概率就大幅度下降。

综上，投资股票市场的最短周期应该是三年，没有三年的考虑就不要去投资一家公司，耐心也是在市场里赚钱的重要条件，没有足够的耐心，就不可能有良好的投资收益。

七、价值投资的成果取决于什么

一些投资者开始对价值投资感兴趣了，并且愿意走上这条路，这当然是好事，也是对整个社会有利的事，但是平心而论，想要走好价值投资这条路，就要清楚价值投资的成果取决于什么？做好哪些功课价值投资会取得不错的收益？

其实这非常重要，一个工作要做好，一定会有它的核心出发点或者叫第一性原理，价值投资也有它的第一性原理，这个原理有两个方面，第一是要有持续的学习能力，第二是要有足够的耐心。

持续的学习能力是最为重要的，也是学习价值投资最难的地方。对于整个经济社会发展来说，唯一不变的就是变化。不同的时代，投资对象的选择是不同的，顺应了时代的企业和企业家才能带领我们不断前进，不断在现实当中获得更好的收益。为了理解时代的变化，我们就必须不断学习，不学习就无法选择到时代里最优秀的企业，投资也很难获得好的收益。当然企业分两种，一种是改变时代的企业，一种是不被时代改变的企业，如果一直投资不被时代改变的企业也是没问题的，也会有好的收益。

足够的耐心就要耐得住寂寞。巴菲特曾经说，投资其实没有什么秘密，就是选择优秀的企业，然后跟着企业一起成长，我们也就从中获得了收益。但为什么很少有人愿意这样做呢？因为没有人愿意慢慢变富，多数人没有耐心，不愿意以年为单位来计算收益，更愿意以天为单位来操作，这也是符合人性的。但是，更多的事实告诉我们，想要取得更大的成功，就要耐心坚持，没有哪个企业能够在短期内取得过人成就，投资只有持有相当长的时间，才有可能获得几倍收益，短期的暴涨也是有的，但那更多的是运气，而不是必然结果。

价值投资本身的难点在于不断学习，跟着时代一起前进。当然有些企业是稳定性非常好的，不会随着时代的改变而改变，这样的企业也是非常好的投资目标，尽管可能增长速度有点慢，但具有可持续性，能够带来长久收益。不论是投资改变世界的企业，还是投资不被世界改变的企业，都必须有耐心，有长期持有的计划，长期持有是价值投资的一种客观形式，只有这样才能取得好的收益。

第五章

行业分析

一、行业分析概述

行业分析是基本面分析的另一个重要方面，它是连接宏观经济分析和上市企业分析的桥梁。行业分析的主要任务包括：解释行业所处的发展阶段及其在国民经济中的地位，分析影响行业发展的各种因素及其影响力，预测并引导行业的未来发展趋势，判断行业投资价值，揭示行业投资风险，从而为投资者提供决策依据。

行业分析在股票投资中起着重要作用。首先，行业分析可为投资者提供详尽的行业背景。其次，行业分析有助于投资者确定行业投资重点。最后，行业分析还能帮助投资者选择企业和确定持股时间。

我们做行业分析时发现，宏观经济状况与构成经济总体的各个行业的状况并非完全吻合。宏观经济分析主要分析社会经济的总体状况，没有对总体经济的各组成部分进行具体分析。宏观经济的发展水平反映了各组成部分的平均水平，但各组成部分的发展却有很大的差别，并非都和总体水平相一致。实际上，有些行业的增长快于宏观经济的增长，而有些行业的增长慢于宏观经济的增长。当整体经济形势向好时，只能说明大部分行业的形势较好。反之，当整体经济形势恶化时，则可能是大部分行业面临困境，行业分析会发现某些行业的发展仍然较好。分析宏观经济形势不能知道某个行业的兴衰发展情况，不能反映产业结构的调整。例如 19 世纪前，美国的铁路处于兴盛时期，铁路股炙手可热。但是在今天，有一半以上的美国人没有坐过火车，铁路股已不能引起人们的兴趣。相反，过去被人们冷落的计算机、电信等行业的股票已是门庭若市。这些都说明只有进行行业分析，才能更明确地知道某个行业的具体发展状况及其所处生命周期的位置，并据此做出正确的投资决策。如果只进行宏观经济形势分析，只能了解某个行业笼统的、模糊的轮廓。

另外，通过行业分析可以更好地进行企业分析。行业是由许多同类企业构成的。如果只进行企业分析，就不能知道其他同类企业的状况，无法通过横向比较知道目前企业在同行业中的位置。这在充满竞争的现代经济中是非常重要的。

行业所处生命周期的位置制约或决定着企业的生存和发展。投资者在考虑新投资时，不能投资那些快要没落和淘汰的夕阳行业，不能被眼前的景象所迷惑，而要分析和判断企业所属的行业是处于初创期、成长期、稳定期还是衰退期，绝对不能购买那些属于衰退期行业的企业股票。

行业分析是对上市企业进行分析的前提，也是基本面分析的重要环节。行业有自己特定的生命周期，处在生命周期不同发展阶段的行业，投资价值也不一样，而且在国民经济中具有不同地位的行业，投资价值也不一样。

二、行业周期对投资的重要作用

行业发展有其自己的生命周期和发展规律，要根据发展的不同阶段，制定有针对性的投资策略。在整个行业发展的生命周期里，需求和竞争这两股力量共同作用，推动行业不断向前发展，并在不同阶段形成一些具有规律性的特征。对于投资者来说，了解行业的发展周期和规律是非常有必要的。

（一）初创阶段

当一项新的技术或新的需求出现，就可能催生一个新的行业，我们熟悉的许多行业都是这样诞生的。在初创阶段，行业中可能只有一家或几家企业抢到市场先机，竞争也不激烈，甚至没有竞争对手，整个行业的市场份额全部由初创企业占据，但由于此时的需求还很有限，消费者接受程度也较低，收入难以支持企业的发展壮大，所以，这种相对很高的市场份额实际意义并不大。事实上，处于这个阶段的企业羽翼未丰，要面对更多的风险，资金实力还不强，产品和技术还不完善，前期投入的巨大研发成本在短期内还难以见到效果，任何一个失误或宏观经济状况的恶化都有可能导致企业在迎来曙光前就夭折了。正因为初创型企业的发展风险极大，一些常用的基本面分析和估值方法都不适用于这类企业，投资者很难做到对其科学把握。例如当年那些还未实现盈利的互联网企业，投资者用注册用户数或浏览量来估值，即用所谓的“市盈率”方法，而这种方法本身就带有许多不确定性。对于这类初创型企业，投资者如果没有承担血本无归风险的勇气，就不要介入。一般来说这个阶段的企业属于风险投资的范畴，当然科创板天花板以后，会有越来越多类似企业进入证券市场。

（二）高速增长阶段

初创型企业在经历一段时间的产品完善以及市场需求培育后，如果顺应了市场发展的潮流，一定规模的市场雏形已经出现，消费者正越来越习惯和接受这些新的产品和服务，那么，其就进入了高速增长阶段。在这一阶段，企业的销售收入和利润快速提升，并且会持续数年以高速增长，其增长率要远高于其他成熟行业。更重要的是，投资者会保持对这种高增长的预期，源源不断地投入资金和资源，继续推动其做大市场规模。由于有明确的市场前景，在这个阶段竞争对手开始出现，产品和服务的价格开始大幅降低，但随着生产和销售规模扩大，成本和费用支出也相对降低，销售收入和利润增长可以保持同步，行业内企业呈现良好的局面。高速增长阶段的企业更容易出现在高科技、生物制药、互联网等创造新需求的领域，这类企业的股票是许多投资者喜爱的成长型股票，只要有适宜的内外部发展环境，它们就可以持续提供高于市场平均水平的投资回报，因此它们的估值也远远高于市场平均水平。此外，一些在传统行业里独辟蹊径的企业也能为投资者带来高增长回报，比如在最成熟的航空领域，一些低成本、价格低廉的航空企业，依靠自己独创的商业模式实现了超越传统航空业的高速增长。但是，回报和风险总是相伴而生的，对于高速增长的企业来说，各领风骚三五年是经常的事，所以投资成长型股票同样要承受许多不确定性风险，此类投资只适合于那些精力充沛、可以及时消化新信息以及有较强风险承受能力的投资者。

（三）成熟阶段

投资者接触到的绝大多数行业都已处在成熟阶段，处于这个阶段的行业表现与整个宏观经济的表现趋于一致，很难再实现业绩的快速增长。行业内的产品、服务以及市场需求都趋于稳定。由于需求增长开始减缓，“蛋糕”已经成形，在这个阶段里，大家为争夺市场份额，竞争最为激烈，利润率开始明显下降。尽管没有高增长，但处于这个阶段的企业股票还是能给投资者带来可观的投资回报，尤其是那些已经根基牢靠的行业龙头，内部的良好管理和外部的竞争优势已经确立，也产生了稳定的利润和现金流，分红派息也很慷慨，投资者对其发展前景和估值很有信心，预判的不确定性大大降低。此外，成熟行业的龙头企业由于家底殷实，抗风险能力较强，即使在经济状况不佳时，也可以通过资产负债表中积攒的留存收益来渡过难关。成熟行业的企业拥有庞大的客户基础和资金实力，这有助于其推出新产品，开拓新市场，相比白手起家的初创型企业，可以更快地获得市场机会。总结分析世界各地股票市场的经验，投资处于高速发展阶段的企业股票的回报要明显高于投资成熟阶段的企业股票，但后者可以为投资者提供稳定可预见的回报，是绝大多数投资者能够把握的股票投资品种。对于价值型投资者来说，应选择成熟阶段的企业股票进行投资，尽管可能每年的回报率不会特别高，但总体上平稳得多。

（四）衰退阶段

处于衰退期的行业销售额和利润持续下滑，市场需求逐步萎缩，主要原因是替代品的出现或成本上升，使继续生产无利可图，比如汽车替代了马车，移动通信替代了固定电话等。作为资源向优势行业配置的股票市场，从理论上说，是不允许有衰退行业存在的，但事实上我们还是会不时地遇到一些由盛转衰的行业或企业。尤其需要投资者注意的是，处在衰退期的上市企业虽然偶尔也会实现业绩增长，甚至能够通过行业兼并整合赚取最后的利润，但这些都无法改变行业没落的结局，投资者要保持头脑清醒，尽量规避这类股票，以免贻误了在其他行业投资的时机。因为投资没落的行业就像是骑自行车，骑得再快，也不可能有汽车快。

三、从产业链分析来确定企业在行业内的竞争地位

在选股的过程中，我们都希望能够选到竞争优势强的企业，并且也只有竞争优势强的企业才可以长期持有，时间是优秀企业的朋友，如果企业不够优秀，那么持有的时间越久可能亏得越多，买入并持有策略的前提条件就是企业要优秀，否则这种策略将会失败，投资将面临着巨大的风险。

企业显然不是独立生存于市场当中，其是整个产业链的一环，通过企业与上下游企业的关系可以大致判断企业的竞争优势如何，许多时候，只听企业怎么说意义不大，只有看现实的成果才是最真实的。

首先说上游，如果企业的优势明显，那么上游供应商的话语权会很弱，供应商会求着企业来购买自己的商品，供货条款也非常宽松，这种宽松表现在两个方面，一是价格，二是付款方式。既然是买方强势，那么卖方就很难卖出非常好的价格，同时在付款方式上，买方也会有更多的选择权，甚至可能是先拿货，然后过一段时间再付款，也有可能是先进货，等货品销售完毕之后再结款。

再说下游，如果企业强势，产品供不应求，那么下游的经销商就会排队来购买产品，既然是排队购买，价格也会是卖家满意的价格，毛利率自然也比较高，同时既然买家比较多，那极有可能是先款后货，也就是说先把货款付了，过段时间有货了再通知经销商来拿货，这是现实商业活动中经常会出现的现象，也是企业竞争优势的直接体现。

企业本身生存于产业链当中，如果企业足够强势，就会上下游通吃，上游是先货后款，下游是先款后货，这是竞争优势最直接的体现，如果只说有优势，而没有体现在货与款的关系上，那么这种优势是不牢固的。

回想一下 A 股当中的大牛股，许多都具有这样的特点，如果企业不能尽量多地占有上下游资源，那就说明企业在产业链中的地位还不够稳固，企业要想获得更好的发展，除了利用自身的资源之外，还要合理利用产业链上的

资源，并且这些资源都是免费的，占有上下游的资金显然是不需要付利息的，这比银行贷款或其他方式的融资来得更直接，成本更低，对企业的发展更有利。

四、只选择在行业内最具有竞争优势的企业

在投资的过程当中，我们一直强调，好企业再加上好价格才会是好投资，那么所谓的好企业，就是细分行业中最优质的企业，一定要选择“体格”最健康、抗风险能力最强的企业。

投资想要获得收益，就要确保企业的持续增长，只有具备持续竞争优势，即具备深度“护城河”的企业才能保证业务不被竞争侵蚀，能够有效保护自己的市场份额。对于企业而言，竞争是永恒的主题，特别是在非垄断的自由竞争行业。商业领域遵循“二八定律”，即20%的企业分享着行业内80%的利润或市场，也就是说在任何一个行业发展过程中，只有最好的企业才能保证持续赚钱，而且市场份额不断集中，最后获得胜利。

尽管行业内优质企业的股票价格可能都不便宜，但买入这样的企业是安心的，即使行业出现什么恶性事件，企业也不会倒闭，只要行业还存在，企业就存在，这样的选择是最稳妥的，投资不是比谁跑得快，而是比谁活得久。

很多时候，行业内龙头企业的股票价格并不是表现最好的，比如在市场从低迷转向亢奋的过程中，往往是那些行业内排名比较靠后的企业股价表现好，因为当整个行业开始转向景气时，边际成本比较高的企业业绩恢复得更快。比如有甲、乙两家企业，同样销售一种产品，甲企业的成本为5元，乙企业的成本为8元，售价同样为15元，则甲企业的毛利润为10元，乙企业的毛利润为7元，随着市场竞争的加剧，产品价格降低为8元，此时甲企业的利润为3元，而乙企业已经不赚钱了，在这样激烈的竞争过程中，股票市场的反应是两个企业的股价都会下跌，但乙企业下跌幅度会远大于甲企业，如果销售价格进一步降低，乙企业将开始亏损，这个时候股价就更加惨不忍睹了，但随着竞争格局的稳定，销售价格开始好转，乙企业的利润增长速度会

远快于甲企业，当销售价格超过 8 元时，乙企业开始由亏转盈，随着售价的进一步上涨，盈利情况会持续体现，企业股价也会有大幅度上升，这个时候甲企业的好转幅度要小得多。但这并不是选择乙企业的理由，我们退一步思考这个问题，如果销售价格长时间低于乙企业的成本呢？这个行业经过惨烈的竞争如果只能有一家企业存活那将是谁？显然会是甲企业，从稳健和长远投资的角度来说，如果想要买入股票之后安稳地睡觉，那么甲企业是最佳的选择。

五、借助研究报告来进行企业研究

在投资过程中，看研究报告是非常必要的一步，也是投资者经常做的事情，我们发现在研究报告当中，看多的报告很多，看空的报告很少，对于个股来说，就是买入与增持的评级比较多，而卖出的评级很少看到，有几个中性评级已经相当罕见了，那么如何看待券商的看空报告呢？

当然历史上也有看空的报告，比如当年光大证券看空伊利、申万宏源看空电子行业，都表达了这样一个观点，也都引起了市场的关注，但这样的报告数量还是很少的。

看空的报告，是对企业或者行业极度不看好的一种表达，一般来说分析师很少给出明确的看空报告，这基本上是一种默认共识，即使真的对调研的企业不看好，也最多给一个中性评级，明确给出看空说明分析师极度不看好。分析师都想与企业保持良好的关系，看空会使企业非常难堪，也不利于后续工作的开展，有如此多的不利因素，分析师也甘愿给出卖出评级，显然是一种极度负面的表达。

当然研究报告只是投资的辅助工具，对企业的分析不能完全采用别人的观点，要有自己的投资逻辑，要能够确定自己分析企业的框架，独立思考，谨慎决策，即使分析师给出了卖出评级，也不意味着股票价格就一定会下跌，要有正确的理解才不会走弯路。

现在许多投资者已经习惯了看券商的研究报告，对于分析师看好的个股是照单全收，还是半信半疑，显然需要经过认真的考虑，只有搞清楚了才知道如何去参考券商的报告。

对于分析师推荐的个股，投资者要首先看逻辑上是否成立，如果逻辑没有问题，那么大的方向是可以参考的，至于能否作为重点对象，那还要看具体的个股选择是否为行业内最优质的企业，尽管行业内的优质企业会在估值上偏贵一些，那也要选择，这是一个基本的原则，如果估值特别高，没有什么优势，就只有等待，等待合适的估值出现，再着手投资。

投资的逻辑最为重要，这是前提，然后是确定行业内最好的企业，这是基础，最后是判断估值，这是必要条件。只有在合适的价格买入了优质的企业，才有可能投资成功，如果花了大价格买入优质企业，有可能会被套相当长的时间，这样的经历显然不会美好，只有好企业、好价格才有可能是好的投资机会。

第六章

企业分析

一、优秀企业是投资的根本保障

从长期来看，优质企业是我们投资成功的根本保障。我们可以把中小板前 20 只个股的 K 线图缩到最小来看，图形基本都是从左下角向右上方发展的，当然每只个股的斜率不同，但多数还是上升的，这说明了一个基本的问题，就是如果把时间拉长，多数个股的总市值还是增长的。投资股票，其实就是在判断未来企业的总市值是否会增长，如果会增长，我们自然就赚钱了，相反如果不增长，就是亏损了。

为什么长时间看总市值都是增长的？这是因为企业的生产与经营在不断创造价值，企业在为社会提供产品或者服务的同时，也在为股东创造更多的利润，尽管投资者买入时的价格可能要比企业实际的价值高，但如果我们给企业足够的时间，假设企业的年增长率是 30%，经过三年，其价值就会超过投资者买入的价格，那么从第四年开始，投资者就开始赚钱了，并且每年赚钱的幅度都接近企业的年增长率。只要把时间拉得足够长，那么买入价格的影响会越来越小，最终投资收益将无限接近企业的长期增长率。

因此，优秀企业是我们投资的根本保障，即使买入时价格过高，只要给予时间，总会通过企业的增长来填平买入时的坑，但如果企业不优秀，每年业绩不增长，或者连年亏损，就无法依靠企业的努力来获得价值的提升，这时想回本就只有靠运气了，什么时候市场行情来了，有炒作的机会了，也许才能够解套，否则将一直被套。

二、巴菲特选企业的四个基本原则

我们要清楚地知道选择企业应该遵循什么样的原则，投资者怎么做才能把优秀的企业从众多上市企业中挑选出来，让投资获得根本保障。其实已经有投资大师总结过了，我们来看巴菲特的四大选股原则。

（一）选择可以理解的行业，坚持能力圈原则

哲学家说人生幸福最重要的是弄清楚“什么事情是属于我们权能之内的，什么事情是不属于我们权能之内的”。巴菲特（1996）告诉我们投资成功最重要的是能力圈原则：“投资者真正需要具备的是对所选择的企业进行正确评估的能力，你并不需要成为一个通晓每一家或者许多家企业的专家，你只需要能够评估在能力圈范围之内的几家企业。能力圈范围的大小并不重要，重要的是你要清楚自己的能力圈范围。”

巴菲特如何画出自己的能力圈呢？“围绕你能够真正了解的那些企业的名字，画一个圈，然后再衡量这些企业的价值高低、管理优劣、出现经营困难的风险大小，排除那些不合格的企业。”对于能力圈以外的企业，无论别人怎么看好，巴菲特都不会看一眼，哪怕错过再大的赚钱机会，他也不会后悔，因为这是在他的能力圈以外不该赚的钱：“我错过了参与投资手机的好机会，因为手机行业在我的能力圈之外。”但是对自己能力圈以内的企业，巴菲特会努力研究分析：“我会每次选择一个行业，逐步成为能够精通的专家。”

“我不会简单接受关于任何一个行业的传统看法。我要努力研究得出自己的独立看法。如果我选择的是一家保险企业或一家造纸企业，我会在脑子里想象自己处于这样一个情境之中：我刚刚继承了这家企业，而且这家企业将是我们整个家庭拥有的唯一财产。我应该对这家企业做些什么？我要考虑哪些东西？我需要担心什么东西？谁是我的竞争对手？谁是我的客户？我会走出办公室，去与客户们交谈。我要弄清楚，与同行业的其他企业相比，我们这家企业的优势是什么，劣势是什么？如果做了这样的研究分析，那么就有可能比管理层更了解这家企业。”

苏格拉底说："知道自己无知的人才是最聪明的人。"用孔子的话说就是："知之为知之，不知为不知，是知也。"为什么历史上成千上万的投资大师只有巴菲特在2008年通过投资成为身家620亿美元的世界首富，其中最重要的原因是巴菲特自制能力特别强，能够坚守自己的能力圈："对于大多数投资者而言，重要的不是他到底知道什么，而是他是否明白自己到底不知道什么。"巴菲特曾经说："我对IBM创始人之子托马斯·沃森了解一些。我可以告诉你他说过的一句非常睿智的话：'我并不是一个天才，但在某些方面相当聪明，我就一直专注于这些方面。'这是一个非常明智的建议，也适用于股票投资。"看看巴菲特过去40多年的股票投资组合，你会发现他长期持有自己从小就非常熟悉的企业：他6岁就卖过的可口可乐，他13岁开始做报童送了三年的《华盛顿邮报》，他经常使用其信用卡的美国运通，生产他天天用的剃须刀的吉列（后来并入宝洁），几乎没有一家是高科技企业。巴菲特解释说："我们努力固守于相信和可以了解的企业，这些企业具有相对简单且稳定的特征。如果企业业务非常复杂而且不断变化，那么我们就没有足够的聪明才智去预测其未来的现金流量。碰巧的是，这个缺点不会让我们感到困扰。投资者只需要做很少几件正确的事情就足以成功了。"坚持能力圈原则，最大的困难在于如何抵挡住为了追逐更多利润跨出能力圈的诱惑。

20世纪90年代后期，网络高科技股大牛，巴菲特却一股也不买，尽管这让他在1999年的盈利只有0.5%，而当年股市大涨21%。巴菲特依然坚持能力圈原则："我们的投资原则如果运用到科技股上也会同样有效，但我们并不知道该如何具体运用。如果我们今年亏了钱，会在第二年赚回来，并向你解释我们是如何做到的。我确信比尔·盖茨运用的是和我们同样的投资原则。他理解高科技企业的方式与我理解可口可乐或吉列公司这些传统企业的方式一样。我可以肯定地说，他同样也会寻找一个投资的安全边际，他估算安全边际时，就像他拥有整个企业一样，而不是仅仅拥有一只股票。如果我们在自己的能力圈里面找不到值得投资的企业，我们只会选择耐心等待。"结果从2000年开始，美国网络股泡沫破裂，股市连跌三年，跌幅超过一半。巴菲特这三年却盈利10%，大幅跑赢市场。

可能是由于巴菲特和比尔·盖茨的友谊越深，两人的交流讨论就越深，把巴菲特对高科技的了解推升到更高的水平。2005 年比尔·盖茨加入伯克希尔—哈撒韦公司董事会，巴菲特也会用电脑上网，用谷歌搜索。巴菲特在不断扩展他的能力圈。2002 年，巴菲特以 5 亿美元投资 Level 3 高速网络通信公司。

巴菲特对 Level 3 通信公司充满信心的一个原因是他的老友沃尔特·斯科特："有时候，你会在你的能力圈之外进行投资。Level 3 通信公司就是我在能力圈之外的投资。但是我把赌注押在人的身上，我觉得我非常了解这个人。有些时候别人也会把赌注押在我的身上。"1999 年，巴菲特收购了 Great Lakes 化学公司 6.8%的股份，还收购了 TCA 有线电视公司 8.1%的股份。2003 年购买了 Nextel 5 亿美元的债务和优先股，还收购了全球第七大电子元件销售公司 TTI 公司。随着巴菲特对科技的理解，他也开始不断扩大自己的能力圈，2011 年他以 107 亿美元买入 IBM 股票。

2011 年 11 月 14 日巴菲特接受 CNBC 访问时，记者问："这次投资 IBM 是不是意味着你完全改变了研究科技股的基本原则?"巴菲特回答："我关注研究所有股票，但我研究的结论是，大部分企业我根本无法预测它们未来的经营发展前景。"记者又问："你研究后认为 IBM 更大程度是一家服务企业而不是一家硬件和软件企业，几乎不再是一家高科技企业?"巴菲特回答："IBM 是一家帮助企业 IT 部门把自己的工作做得更好的企业。"巴菲特对科技企业的胃口远远不止这 107 亿美元。2011 年圣诞节，巴菲特写给圣诞老人的 2012 年新年愿望中列出了他最想收购的企业：石油巨头埃克森美孚、富国银行、谷歌。82 岁的巴菲特竟然想要收购谷歌这个全球市值最大的高科技企业，等他 100 岁时，他的能力圈会拓展到多大呢?

投资者对于投资一定要有所为有所不为，对于自己不了解的企业，就不要参与。世界上的行业和企业的知识太多了，而投资者需要有行业背景。没有行业背景，尤其是对于高科技企业，是无法参与的。在投资的漫长道路上，不犯错、少犯错是长期获取复利的核心，比如我们的起始点都是 100，甲每年增长 10%，而乙第一年增长 20%，第二年亏损 15%，我们计算一下十年后两人的总资产情况，就会非常清楚地知道，持续稳定盈利是多么重要。再总结一下巴菲特是如何成功的，其实从他入主伯克希尔—哈撒韦公司到现在，年度最高收益率也只有60%，并且只有两年超过50%，这并不是他最成功的地方，相信很多投资者都曾经取得过比这个高得多的收益，巴菲特最成功的地方在于他只有两年亏损，并且亏损幅度都小于10%。用巴菲特合伙人芒格的话说："哈佛大学商学院的案例都是讲成功的，我希望有人能告诉我，我会死在哪里，我绝对不会到那里去。"首先是保证投资的安全，然后才是去获得收益，不能让自己的本金处于危险当中。

（二）可持续的竞争力和广阔的市场空间

核心竞争力（Core Competence）概念最早是由美国经济学家普拉哈拉德和哈默提出来的，是指企业（或企业集团）在竞争中获取、配置关键资源，使企业形成并保持长期稳定的可持续竞争优势及稳定的超额利润。

企业核心竞争力是一个多元和复杂的系统，表现为一定的层次结构，包括核心业务（主营领域）、核心制造（主导产品）、核心技术能力（优势技术与专长）、核心管理能力（成长能力）、核心营销服务网络，以及战略管理与创新能力等。

1. 核心竞争力的特征

（1）价值性。核心竞争力可以使企业在提高效率、降低成本和创造价值等方面比竞争对手做得更好，同时也可以给企业的目标顾客带来独特的价值和利益。

（2）积累性。核心竞争力是企业在长期生产经营实践活动过程中，以特定方式、沿着特定的技术轨迹由小到大，通过学习、消化、吸收、合成逐步积累的，往往要通过较长时间来实现。

（3）独特性。核心竞争力与企业的组织结构高度融合，是相关管理理念的复合体，是建立在企业内部长期学习、经验积累基础上的专长，稳定性较强，是独一无二的。

（4）难以模仿性。企业核心竞争力包括独特的技术技能、生产技巧、操作诀窍等特性，深深地印上了企业特殊的组织构成、企业文化、管理理念、市场营销的烙印，是企业技术特性与组织特性的复合体，难以被当前或潜在的竞争对手了解、仿制或获取。

（5）延展性。在企业能力体系中，核心竞争力是核心，有溢出效应，可使企业在原有竞争领域中保持竞争优势，也可围绕核心能力进行相关市场的拓展，通过创新获取该市场领域的持续竞争优势。

（6）动态性。从客观上看，核心竞争力总是与一定时期的资源、产业、组织管理模式及环境动态等因素高度关联，随着这些因素的变化和时间、形势的变迁，企业的核心竞争力必然会发生动态发展演变。

（7）整体性。核心竞争力是一个不可分割的整体，任何单一的基本要素都不可能形成核心竞争力，只有构成核心竞争力的所有基本要素协同动作，相互配合，才有可能形成核心竞争力。

2. 核心竞争力对企业生存和发展的意义

核心竞争力决定企业发展的深度。关注核心竞争力比局限于具体产品和业务单元的职能发展战略更能准确地反映企业长远发展的客观需要，使企业免于为追求短期利益而陷入战略性误区。核心竞争力可以增强企业在相关产品市场上的竞争地位，其意义远远超过单一产品市场上的胜败，对企业的长远持久发展具有更为深远的战略意义。核心竞争力对全球持续的企业再造、兼并、合并浪潮及动态联盟（包括虚拟企业）具有特殊、关键意义。企业只有在重组、联盟过程中积极优化组合各自的关键资源和核心能力，并将其综合集成为整体核心竞争力，才能使双方或多方盈利，获得可持续竞争优势，实现可持续发展。企业一旦拥有了核心竞争力，就能够建立长期的可持续的竞争优势，为企业可持续发展奠定坚实基础，从而在未来激烈的市场竞争中立于不败之地。

我们要选择行业内最具有核心竞争力的企业投资，这种核心竞争优势可能是规模优势，也可能是成本优势，或者是技术优势等，需要结合具体的企业来分析。

（三）优秀的团队

巴菲特说，股票投资初看投资的是企业，其实更重要的是人，即这家企业的管理者。在其他条件相同的情况下，上市企业的管理者是否足够优秀是投资该企业应该考虑的重要因素之一。

从企业长期经营的角度来说，为了应对社会环境的变化，企业管理者必须及时调整策略，甚至转换经营方向，只有优秀的管理者才能带领企业不断从一个辉煌走向另一个辉煌。巴菲特说他最敬佩的企业管理者是美国广播公司的汤姆·墨菲，政府雇员保险公司的比尔·斯奈德、卢·辛普森，华盛顿邮报公司的凯瑟琳·格雷厄姆、迪克·西蒙斯，这也是伯克希尔—哈撒韦公司能长期持有这三只股票的重要原因。

在伯克希尔—哈撒韦公司每年致股东的一封信中，巴菲特都要不惜笔墨地赞赏所投企业的优秀管理者，不但欣赏他们出众的管理能力，更赞赏他们的高尚人品。他说在长期合作中，他有机会近距离观察这三家企业的首席执行官，相比之下，他们要比其他上市企业首席执行官的表现卓越得多。

巴菲特一再劝告投资者，一定要把资金投到管理者十分优秀的上市企业上。如果对这家企业管理者的管理才能和人品一无所知，那么还是要考察清楚了再做决策。那么，巴菲特心目中的优秀管理者有什么标准吗?

巴菲特说：“我们不是对所有首席执行官或董事会的谴责，他们中的大多数非常能干而且勤奋努力，有些人甚至出类拔萃。但是，我们非常幸运能够与这三只长期持股股票的企业管理者一起合作。他们热爱自己的企业，像所有者那样思考，他们的所作所为表现出高尚的品德与出众的能力。”

不难看出，巴菲特对优秀企业管理者的衡量标准主要有两点：一是高尚的品德，二是出众的能力。前者主要指企业管理者的为人应当值得投资者信赖；后者主要指企业管理者有能力为股东创造良好收益，让投资者从中得到合理回报。所以巴菲特说：“以一般的价格买入一家非同一般的好企业，要比用非同一般的好价格买下一家一般的企业好得多。”

许多股东权益回报率和总体增量资产回报率持续表现良好的企业，将大部分的留存收益投入了毫无吸引力甚至是灾难性的项目之中。企业强大的核心业务年复一年持续增长，隐瞒了其他资本配置领域里一再重复的错误（通常是高价收购本质上平庸的企业）。犯下错误的管理者们总是不断报告他们从最新的失败中吸取的教训，然后，再去寻找下一个新的教训。

总之，优秀的管理者会合理配置资源，能够形成并保持企业的核心竞争优势，善于渡过难关，这些都是选择优秀企业时要考虑的因素。

（四）安全边际

格雷厄姆是第一个在证券分析中提出“内在价值”概念的人：“证券分析家似乎总是在关注证券的内在价值与市场价格之间的差距。但是，我们又必须承认，内在价值是一个非常难以把握的概念。一般来说，内在价值是指一种有事实——比如资产、收益、股息、明确的前景——作为根据的价值，它有别于受到人为操纵和心理因素干扰的市场价格。”

格雷厄姆衡量股票安全边际的计算方法，来源于债券投资。债券的安全边际是指企业过去几年连续保持税前利润超过应付利息费用的 5 倍，多出应付利息费用的盈利部分，就形成了安全边际，这样即使企业未来盈利出现下降，也可以保障债券投资人的安全。

格雷厄姆认为，经过修正，债券的安全边际概念同样可以运用到股票投资上。普通股投资的安全边际是未来预期盈利能力大大超过债券利率水平。比如根据每股收益除以当前股价计算的投资收益率是 9%，而债券利率是 4%，那么股票投资者就拥有 5 个百分点的安全边际。

当然这是最初的格雷厄姆的安全边际，今天这个概念已经有了一些新的发展。我们买入股票的时候，也要在合理估值的基础上打一定的折扣，这种折扣其实就是安全边际，就是给自己留下一点犯错的空间，万一买入之后，股票价格继续下跌，那么也不会对我们的投资造成太大的影响，同时从另外一个角度来说，任何企业以全价买入都很难获得超额收益。

同时我们也知道，不只价格本身是安全边际，优秀的管理团队也是安全边际，良好的“护城河”也是安全边际，时间也是安全边际。

综上，选择企业的原则是企业是可以理解的，有可持续的竞争优势与广阔的市场空间，有优秀的管理团队和安全边际，这四点缺一不可。只有做好这四个方面的分析，才能把优秀企业从众多的上市企业当中挑选出来，进入投资的备选名单。

三、分析企业的步骤

分析企业一般来说从产品入手，企业与市场最为直接的关系就是为消费者提供产品或者服务，这些产品或者服务与其他企业的有什么不同，企业在行业当中占据什么样的位置，通常都是由产品来体现的。

我们一般从企业的招股说明书入手来了解企业的基本情况，通过了解其在行业中的竞争地位、市场占有率、未来发展趋势和行业增速等内容，掌握其所属行业的竞争情况、市场情况、发展前景等。

当了解了行业的基本情况之后，要确认这个行业在不在我们的能力圈范围之内，如果已经超出了自己的能力圈，那么就没有必要再进一步研究，只有充分了解行业，对行业的发展有良好的判断，才可以再去具体研究企业。

当确信分析的企业在自己能力圈范围内，就要对企业进行具体的分析，找出企业的竞争优势，并且要看这种优势是否体现在财务报表上，最后判断估值是否合理，通过现场调研来确定是否进行投资。

四、强周期与弱周期企业的特点与投资原则

强周期性是指和国内或国际经济波动相关性较强的行业，其中典型的周期性行业包括大宗原材料（如钢铁、煤炭等）、工程机械、船舶等。周期性行业的特征就是产品价格呈周期性波动，产品的市场价格是企业盈利的基础。

弱周期性（非周期性）是指那些生产必需品的行业，不论经济走势如何，人们对这些产品的需求都不会有太大变动，如食品饮料、交通运输、医药、商业等收益相对平稳的行业就是非周期性的。

周期性企业的投资原则，首先是严格把控买入时点，要在行业低谷时投资，行业繁荣时退出。对行业周期的把握，一定是建立在对行业足够了解的

基础上，这就需要投资者对行业长期研究。一般来说如果行业内几乎所有企业都在亏损，一些企业已经在破产的边缘，并且已有一两家破产了，这时行业内企业的股价一定处于极端低点；另一个低点是在产能供给未大量过剩的前提下，企业业绩好转，同时产品服务价格上涨时。

一般到周期性行业低谷期，大部分业内企业都是亏损的，只能靠现金支撑着过冬，等待春天到来。报表自然不会好看，负债率过高，经营现金流长期为负且无好转趋势，可抵押变卖的资产无法覆盖短期负债的企业一定要加倍小心。

弱周期的企业，相对来说经营比较平稳，比如医药类企业，不管经济情况好坏，有些药都是必须要使用的，比如糖尿病要使用胰岛素，那么生产胰岛素的企业销售情况会相当稳定，当整个市场出现情绪性低迷、估值整体偏低的时候，就是买入这类企业的大好机会，尽管这种低估可能不会特别多，但已经是难得的好时机了。

五、不同类型企业的获利途径

投资股市，一定要知道我们在股票市场里该如何赚钱。一般来说有两种赚钱模式：一种叫交易价值，一种叫成长价值。所谓交易价值，就是通过交易，以低于正常价值的价格买到股票，而当股票价格恢复到正常时卖出而获得价值，也就是低估带来的价值。所谓成长价值，就是以合理的、正常的价格买入股票，而在持有的过程中，由于企业持续为社会创造价值进而提升本身的内在价值，表现在股票市场上就是股票价格上涨，这种价值是通过企业经营创造出来的，是在原来的基础上“生长”出来的。

交易价值的存在，是因为市场本身具有情绪化的特点，当市场受到情绪或者突发事件的影响时，股票价格会严重偏离其内在价值，价值型投资者通过买入那些被严重低估的股票而获得收益，这部分价值是以别人的亏损为代价的，只有极少数买到最低点的人才是盈利的，并且盈利的部分就是前面卖出的人亏损的部分，整个交易过程中，市场并没有创造价值，只是完成了价值的转移。

成长带来的价值则是另一种情形，投资者以合理的价格买入了优质的企业，随着时间的推移，企业经营得越来越好，为社会提供了丰富的物质产品或精神产品，使更多的消费需求得到了满足，企业在这个过程中获得了更多的利润，同时提供了更多的就业岗位。因为企业表现优秀，其在二级市场上的股票价格也水涨船高，投资者获得丰厚的投资收益，在此过程中，实现了多方共赢。

许多时候价值型与成长型是可以相互转换的，比如 2017 年的贵州茅台，显然就不能再看作价值型的企业，年度 52%的收入增长表明其已经是一个快速成长型企业，但在 2017 年以前的市场印象里，贵州茅台还是一个价值型的企业，所以给它的估值不太高，经过快速增长之后，市场认识到贵州茅台也是有高成长的，自然在估值上有所提升，市盈率由最初的 8 倍增长到了 30 倍左右，这是贵州茅台股价大幅上涨的最大推动力。

六、企业增长的几个途径

增长是资本市场永恒的主题，对于长期保持快速增长的企业，资本市场都会给一个相当可观的估值。从经营的角度来说，企业的收入与利润不断增长，内在价值也会增长，股票价格也会随之上涨。一般来说企业的收入增长有以下四个途径。

（一）销售更多产品或者提供更多服务

从增加企业销售收入的角度，最为直接的方法就是销售更多的产品，比如汽车厂商今年销售 10000 辆汽车，明年如果在销售单价不变的情况下，销量增加到 15000 辆，那么企业的总收入就增长了 50%，对于这种具有大量固定资产的企业来说，销量的增加会带来单个产品成本的降低，使得企业利润的增长快于销售收入的增长。这种企业的投资机会可能会出现在行业周期性拐点，比如煤炭类的企业，当行业处于整体萧条期的时候，产品需求不足，价格低迷，企业开工率不足，一旦宏观经济开始好转，产品的需求开始复苏，价格平稳当中略有上涨，企业产能利用率增加，企业的净利率将大幅度提高，企业的盈利情况就会明显改善，股票价格也会出现明显上涨。

（二）销售新的产品或者提供新的服务

企业第二种增加销售收入的方法是销售新的产品或者提供新的服务，也就是拓展产品线，为消费者提供新的产品，比如卖方便面的企业开始卖矿泉水了，就是产品线的一种延伸，当然这种延伸不一定会成功，企业如果盲目多元化很可能会遭受一定的损失。这里提供新产品指的是在原有产品系列上的创新和延续，从经营企业的角度来说，隔行如隔山，企业在某个行业做得不错，并不代表进入另一个行业也同样能够取得成功，盲目进入其他行业，失败的概率往往更大。

（三）提高单品价格

企业第三种增加收入的方法为提高单品售价。在销量不变的情况下，提高价格自然会增加总收入，提高毛利率，企业的净利润也会提高。同时要注意到，提高售价会在一定程度上影响销量。在提价方式选择上，企业应尽可能多地采用间接提价，把提价的不利因素降到最低，而且能被潜在顾客普遍接受。企业提价时应通过各种渠道向顾客说明提价的原因，配之以产品策略和促销策略，以减少顾客不满，维护企业形象，刺激消费者需求和购买行为。

（四）并购

企业第四种增加收入的方法是并购。在2013年前后，并购曾经成为创业板上市企业的一个重要扩张方式。

在实施过程中，并购的动因归纳起来主要有以下几点。

1. 扩大生产经营规模，降低成本费用

通过并购，企业规模得到扩大，能够形成有效的规模效应。规模效应能够使资源得到充分利用，降低管理、原料、生产等各个环节的成本，从而降低总成本。

2. 提高市场份额，提升行业战略地位

规模大的企业，伴随着生产力的提高和销售网络的完善，其市场份额会有比较大的提高，从而确立企业在行业中的领导地位。

3. 获得充足廉价的生产资料和劳动力，增强企业竞争力

企业通过并购实现规模扩大，能够大大增强谈判能力，从而为企业获得廉价的生产资料提供可能。同时，高效管理、人力资源的充分利用、企业知名度都有助于降低劳动力成本，从而提高企业的整体竞争力。

4. 实施品牌经营战略，提高企业知名度，以获取超额利润

品牌是价值的动力，同样的产品质量，名牌产品的价值远远高于普通产品。并购能够有效提高品牌知名度，提高产品的附加值，获得更多的利润。

5. 跨入新的行业，实施多元化战略，分散投资风险

在混合并购模式中，随着行业竞争的加剧，企业通过对其他行业的投资，不仅能有效扩大经营范围，获取更广泛的市场和利润，而且能够分散因本行业竞争带来的风险。

七、哪种增长是可靠的

从增长类型的划分上来说，提高单个产品或者服务的售价、增加产品或者服务销售量、销售新的产品或者服务，这三种方式均源自企业内部的增长，而并购则是直接整体收购另一个独立的企业。

从增长的可靠性和可控性来说，企业内部的增长更为健康，这样的企业管理层构成是非常清楚的，各部门之间的关系如何、增长能够持续多长时间等也是确定的。依靠并购尽管能够在短期内实现快速发展，但也同样会埋下隐患，收购一个企业会涉及方方面面的问题，收购方的出价往往会高于被收购企业的实际价值，从而形成大量的商誉，并不是说商誉就一定是“地雷”，但当收购对赌期结束之后，被收购企业的增速往往会大幅度下降，出现末日陷阱现象。

自2018年底以来，A股上市企业经历了一轮商誉减值，有的企业甚至减了几十亿元，导致A股的投资者见到商誉就会感到害怕，那么商誉到底是什么？我们只有充分了解了商誉才能战胜自己内心的恐惧。

商誉是能为企业带来超额利润的潜在经济价值，或一家企业预期的获利能力超过可辨认资产正常获利能力（如社会平均投资回报率）的资本化价值。商誉是企业整体价值的组成部分。在企业并购时，它是企业投资成本超过被购买企业净资产公允价值的差额。也就是说，当两家企业合并的时候，超出其资产公允价值的部分就形成了商誉。

从企业被收购的角度来说，一般情况下，收购都是溢价收购，区别只是在于溢价的多少而已。收购企业一般都会有业绩承诺，之所以给出高于公允价值的价格，也是因为预期在未来能够获得更高的收益，如果这些收益无法完成，那么将形成商誉减值，这时业绩的承诺人要进行补偿。

如果未来的收益一直可以完成承诺值，那么商誉减值发生的概率就会大大降低，相反如果未来收益无法实现当初的承诺，那么商誉减值几乎必然发生。看到商誉的时候，第一反应应该是这个企业未来可能会发生商誉减值，至于是否一定会发生，还要看业绩承诺的实现情况，但这个潜在风险肯定是存在的，对于保守的投资者，应该谨慎对待。

八、为什么不选择增长率特别高的企业

成长是股市的永恒追求。特别是创业板中的一些企业，如果能够持续高成长，那么对于企业价值的提高是非常有利的，这也是许多投资者所追求的，有一些企业每年增长50%~100%，甚至更高，但投资大师一直在告诫我们不要选择增长速度特别快的企业，而是要选择那些平稳增长的企业。

为什么放着增长50%的企业不选，而选择那些增长20%左右的企业，这确实是需要我们好好理解的问题，如果增长50%的企业与增长100%的企业都是15倍市盈率的估值，那投资者当然要选择增长100%的企业，但问题没有这么简单，很多时候尽管都是低估，但是低估多少却不一样，特别是以长期

眼光来看，企业保持20%的持续增长，显然要比保持50%以上的增长更容易，增长不可能永远持续下去，总有动力枯竭的时候，那么问题就来了，如果按50%的增长来判断估值而买入个股，当增长率下降到10%的时候，跌幅要远远大于20%下降到10%时，或者换句话说，如果以较高的估值买入一只个股，当市场环境不好或者企业增长放缓的时候，双杀就会随之而来，出的价格越高，杀的越凶猛，并且从行业发展来看，远远超过行业平均水平的高速、超高速发展是不现实的，最终会回落到行业平均增长速度附近。

如果本身对于未来的成长没有抱太高期望，即使价格真的有所下跌，也会因为买入的保守而损失较小，这也许就是兵家所说的先胜而后战，并且从行业发展进程来看，高增长是暂时的，平稳增长才是持续的，那么花高价格买入高成长的企业，就是把高成长的特殊情况当成了市场的正常状态，是不划算的。

投资需要常识，我们不能把短期的高成长当成永续状态，保守总没有坏处，不能为高成长的个股付出过高的价格，否则只有亏损。

第七章

企业护城河分析

我们要讨论的企业护城河，是指企业的经济护城河。所谓经济护城河，可以让企业拥有相对于同行业企业的竞争优势，并且能够轻松获得利润，阻止其他竞争者加入。

一、企业护城河的重要作用

企业护城河最重要的作用就是能够保证企业不受竞争者的威胁，保持良好的利润。企业获得超额利润可以通过以下两个方面：一是超高的毛利率，此时，如果费用率保持在行业平均水平，净利率水平也会相当突出；二是支出优势（包括成本优势和管理优势），可能企业的产品不能卖出比竞争对手更高的价格，但是由于企业具备明显的成本优势，那么净利率水平也会高于行业平均水平。企业的护城河要完成提高净利率的目标，只能从这两个方面入手。

二、企业护城河的分类

（一）无形资产护城河

无形资产护城河包括品牌、专利技术和政府授权。从表面看，它们几乎没有共同之处，但是作为经济护城河，它们的作用在本质上是一样的，就是让企业在市场中拥有与众不同的地位。

1. 品牌

品牌护城河主要表现在两个方面：第一个是品牌溢价能力，就是看消费者愿不愿意为产品付出更高的价格，这种产品多数追求差异化策略，从而满足消费者更高层次的需求。比如高端品牌贵州茅台，常年价格不断上涨，但消费者仍然愿意为之买单，这就说明产品具有明显的品牌溢价护城河。第二个是品牌搜索能力。这一类产品大多是标准化产品，与同行差异化不明显，如果价格太高，消费者会转而使用其他的替代品，如果企业品牌深入人心，消费者在市场中会毫不犹豫地选择这家企业的产品，这就说明产品具有品牌搜索护城河。

2. 专利技术

一家企业拥有别的企业无法复制的技术，可以使其在市场中获得强大的竞争力。比如计算机行业的微软、医疗行业的片仔癀。国外很多企业对片仔癀的秘方垂涎三尺，但是花几十年都没有研究出其配制方法，这种独有的技术正是片仔癀在市场上一药难求的保证。

3. 政府授权

政府授权一般都出现在有准入牌照的行业，比如能源、电信和金融等行业。例如我们每个人都离不开的银行，银行不是想开就能开的，政府授权为其构建了非常高的门槛，使得拥有这种牌照的企业可以长久享受特殊资源带来的回报。

（二）转换成本护城河

转换成本，就是更换一种产品或服务时所付出的成本。这种成本不仅仅体现在金钱上，还可能体现在时间、精力、劳动量上。银行就典型地具有转换成本护城河。我们的工资卡如果绑定了一家银行，基本上所有的业务也都绑定在这张银行卡上。即使其他银行给出更优惠的条件，我们也基本上不会选择更换服务，因为如果更换的话需要为此做的工作太多了。这种转换成本护城河较常出现在银行、证券、医疗器械、软件等行业中。

（三）网络效应护城河

网络效应护城河就是随着用户人数的增加，企业的产品或服务的价值也在提高。典型的具有网络效应护城河的企业就是腾讯。当所有人都在使用微信时，即使出现一个比微信更优质的通信工具，如果身边的亲人朋友都不用，那这个工具也没有多少价值。这种网络效应护城河一旦形成，就会非常坚固。现在微信日平均用户已经达到10亿多人，任何想推出另一个通信工具取代微信的企业，必须能够建立与此相当规模的用户网络，面对这么巨大的工程，绝大多数的竞争对手都只能望而却步。2018年腾讯以1789亿美元的品牌价值登上全球品牌价值10强榜单，可见这种网络效应护城河的威力。

（四）成本优势护城河

在价格决定消费者采购决策的行业里，成本优势的意义非凡。这种护城河常见于生产标准化产品的行业，其产品的可替代性较强。成本优势护城河主要来自四个方面：优化的流程、优越的地理位置、独特的资源优势和规模效应。规模效应是我们最常接触的护城河，后面会详细介绍。

1. 优化的流程

具有优化流程的企业可以明显降低产品成本，这对于有一定规模的企业来说，可以形成暂时性的护城河。一旦优化流程被竞争对手复制，护城河效应就消失了。

2. 优越的地理位置

这常见于资源行业的上下游企业。因为资源的长途运输需要较高的运输成本，即使企业有更便宜的价格，如果距离远的话，其整体的成本也不再具有优势。因此拥有得天独厚地理位置的企业就可以享受这种地域优势带来的保护。

3. 独特的资源优势

如果企业的矿藏类资源采掘成本低于其他资源生产商，那么这家企业就会有强大的竞争优势。这也是一种比较坚固的护城河，因为往往这些矿藏资源是无法复制的。

（五）规模效应护城河

规模效应是成本优势护城河的一种，也是最常见的护城河，我们单独作为一部分进行分析。规模效应护城河主要体现在三个方面。

1. 规模越大，单位成本越低

产品的成本一方面来自固定成本，另一方面来自变动成本。对于一家企业来说，不管是生产1个产品，还是生产1000个产品，都需要支付同等的房租、工人工资、水电费、设备维护费，这些被称为固定成本。每加工1个产品需要的原材料成本则是变动的，在这种情况下，随着工厂加工产品数量的增多，产品的单位成本降低，市场竞争力增强。这种规模效应常见于工业原料加工生产行业。

2. 强大的渠道网络，提高购买力

可口可乐可以长久称霸饮料行业，深入市场毛细血管的渠道能力是其核心竞争力。在我国偏远村庄，村里唯一的小卖部里甚至都能看到可口可乐的产品，这就是可口可乐强大的渠道能力。这种大规模的渠道网络极难复制，它是一种超宽的经济护城河。京东花了十年打造自己的物流体系。2012年腾讯也看中了这一市场，想要以同样的方式做自己的物流，但是发现也需要花很多年才能建立起来，在经过一番尝试后最终放弃了做物流的想法，转而与京东形成战略合作，把物流市场交给了京东。

3. 利基市场的规模优势在于相对规模的大小

一家企业即使绝对规模不够大，只要在市场中某一方面超过其竞争对手，一样可以形成强大的竞争优势。比如小区里只有一家超市就可以满足人们的日常购物需求，因此这家超市老板守着规模不大的店铺也能做得红红火火。但如果在这个小区里再开一家超市，可能两家店都赚不到钱。因此，这家超市就具备了利基市场的护城河。利基市场护城河就是市场规模较小，大的资本对此不屑一顾，小的资本进去也赚不到多少钱，那么在这个市场中现有的企业就可以长期享受这种规模带来的竞争优势。

无形资产、转换成本、网络效应、成本优势这四个方面是投资者关于经济护城河的总结。我们在分析企业的时候，要通过历史数据发现其真正的竞争力在哪里，能够多长时间保持这种竞争力。资本的本质就是永无止境地去寻找能带来更高回报的财富天堂。只要行业有利可图，竞争就会接踵而来。

只有具备宽阔护城河的企业，才能在激烈的市场竞争中惬意地数钞票。

三、护城河的优先度分析

尽管企业有各种各样的护城河，每个企业的护城河也有所不同，但从护城河的获得与效果来说，也分为各种不同的类型，有的护城河很难被竞争对手模仿，而有的护城河很容易就被对手超越而失去效果。

最牢固的护城河可能是企业的网络效应护城河。比如微信的网络效应是相当牢固的，只要人们还在使用移动网络，还在进行社交活动，恐怕就很难再有一种产品能够取代微信，这种优势不会因为某个人的习惯改变而改变。由于良好的用户体验，微信吸引更多的人来互动。开发者、商户和广告商销售东西给用户，进一步产生更多的用户，这是一个良性的循环体系，这个体系会自我加强，这就是网络效应护城河的强大之处，其他护城河很难自我加强。比如由于特殊资源而获得的低成本优势，不会自我加强，并且这种自然资源总有耗尽的时候，一旦耗尽优势也就不存在了。

排名第二的护城河应该是高额的转换成本，这种转换成本更多的是指时间、精力方面，比如软件就是典型的这类护城河的受益者，即使有一些软件并不是行业内最便于消费者使用的，但由于其已经占据了非常高的市场份额，对于已经形成使用习惯的消费者来说，重新学习需要付出很多精力，所以即使现在的软件不是最好的，也会与大家保持一致，继续使用它。

排名第三的护城河应该是由于自然资源的不同而获得的低成本优势，这种优势是竞争对手无法通过其他途径获取的，是独一无二的，缺点就是随着时间的延续资源会被消耗干净，一旦资源枯竭优势也就没有了。

排名第四的护城河应该是无形资产，如品牌、专利或法定许可等，在这些护城河里，专利与法定许可都是独家的，特别是专利，某个产品或者技术只有经专利权人许可才能予以实施。这是保护专利所有人权利的重要体现，但是专利是有期限的，专利过期之后相应的利益就没有了。法定许可一般出现在特殊行业里，比如银行或者烟草行业，这种护城河是相当牢固的，但获取与维护的成本很高，不能认为是最优质的护城河。

最弱的护城河就是技术，先进的技术确实可以在一段时间内让企业保持领先，但技术的宿命就是被新的技术替代，没有哪种技术可以一直处于领先，就拿出行方式来说，我们最开始是步行，然后是骑马，后来有了火车、汽车，现在乘坐高铁与飞机，出行的时间大大缩短。每一次技术的革新都意味着行业内企业的重新洗牌，有的企业抓住了技术进步的时机，重新焕发了生机，有的企业由于错过了转型的时间窗口，被时代淘汰。

四、护城河与估值的关系

判断企业的估值是投资中非常重要的一环，只有判断清楚了估值区间，我们才知道什么时候可以出手买入股票，什么时候应该卖出，估值就是评估一个企业的价值，价值评估首先与企业的收入与利润规模正相关，同时也与企业的增长和护城河正相关。收入与规模越大的企业越能支撑一个高估值，增长速度越快的企业估值越高，护城河越牢固的企业估值越高。

有牢固护城河的企业可以给高估值，因为企业的护城河越牢固，未来获得收益的确定性就越强，对于投资者来说，不确定性就是风险，我们宁愿给未来能够获得的收益一个较高的价格，这就是确定性可以高估值的原因。在考虑企业估值的时候，护城河是一个非常重要的参考因素。

五、护城河的本质是什么

不同的行业、不同的企业有不同的护城河，但这个护城河都会是行业内的核心资源，哪家企业能够占有这些核心资源，哪家企业就占据了最有利的护城河，然而护城河也是动态的，特别是在行业发生实质变化的时候，企业的赛道发生转变了，那么护城河也就不同了，所以最终除了少数依靠自然资源禀赋获胜的企业之外，多数的护城河还是后天人为打造的，从这个角度来说，护城河看的还是企业的经营者，是企业的经营者带领企业不断从一个胜利走向另一个胜利，打造一个又一个能够获得额外收益的护城河。那么企业护城河的本质是什么？

如果用一句话来概括护城河并描述其本质，那么护城河就是企业占据的行业核心资源。不同行业的核心资源是不同的，自然不同行业的护城河也是不同的。

六、什么样的董事长算优秀

我们买入一个企业的股票，就是希望与优秀的上市公司一起同行，并且随着企业的持续发展和壮大，可以长期在市场里赚到钱，而上市公司的优秀，最终一定会体现在管理层上，特别是实际控制人，只有实控人非常优秀，我们才能取得高过市场平均水平的收益，因此判断董事长就显得非常重要了。从某个方面来说，企业董事长的性格与处事风格形成了企业文化，长期的企业文化就是企业最深厚的护城河。

从大的方向来说，我们希望跟着行业内最优秀的董事长一起做事情，比如这个董事长要把自己的绝大多数精力和时间都放在企业的经营上，不断思考如何提高企业的竞争力，怎样才能赚取更多的利润，占据更多的市场份额，同时要洞察和理解行业的发展与变化，能够防患于未然，预见企业的发展方向。许多曾经特别出色的企业，甚至是某个行业的领导者，在变革当中被淘汰了，核心原因就是没有预见企业和行业的变化，使企业在行业出现变化的时候掉队了，甚至被新来的竞争者直接淘汰出局了。

董事长不能做什么呢？最不能做的就是像散户投资者一样，天天盯着自己企业的股价看，还真有这样的董事长，非常关心自己企业的股价变化，但从来不去分析内在原因，只看到了数字变化，却不去思考内在逻辑，更有出格的董事长，还动用企业的资金去干涉股价的运行，甚至是直接下场去操纵股价，这样的管理者要不得，这已经超出了董事长应该关心的范围，成了二级市场的庄家行为，这样的行为是一定不能长久的。

从董事长的出身来看，一般可以分为两种，一种是做技术出身，一种是做销售出身。技术出身的董事长可能更加偏重公司内部的事务，特别是对于研发的投入是非常重视的，并且愿意埋头苦干，专研新产品新技术，这是其长处，但是这类董事长相对来说处事不够灵活，更加低调，也不愿意过多地与外界接触。既然选择了上市，那么与资本市场的沟通就是非常必要且十分重要的，既要会干活也要会说话，也要能够把自己所做的事情向资本市场传达清楚，类似于机构投资者要求更换董事长的事最好不要出现，资本市场对企业发展的助推力、提升效果是几何级别的。不过，许多企业上市之后，与资本市场若即若离，并没有达到上市的效果，这也是由董事长的做事风格决定的。

销售出身的董事长，由于他们最初的工作性质就是销售，非常清楚企业存在的使命就是为股东创造价值，就是要源源不断地为投资者创造现金流，他们更加重视销售工作，知道企业的根本目的是盈利，能够更好地获得客户，甚至在企业创立之初，已经有了批量的客户基础，所以销售出身的人比技术出身的人更容易使企业获得最初的成功，在某个行业站稳脚跟。这类董事长对于销售现金流的重视程度也会更高一些，会时刻注意企业的总体安全情况，在研发上量力而行，从与外界特别是资本市场的沟通来说，销售出身的董事长也更加善于交流，能够清楚地向二级市场传达企业的价值观和长期发展远景，沟通更加顺畅。

技术出身与销售出身的董事长各有长处，然而从企业安全和成长的角度来说，最好是董事长两者兼备，既要懂技术也要重视销售，这样的董事长本身就是稀缺人才，也决定了多数企业都是不完美的，要么进取心不足，要么现金流不好，要么对研发的重视程度不够，我们在选择的时候要有所侧重，如果遇到了两者兼备的董事长，那么他可能将带领一个企业开创一个时代。

第八章

估值方法及运用原则

一、估值的重要性

你是否经常会看到这样的评论，投资者应该精选个股，高抛低吸，当然这一般都是在总结的时候说的话，但如何高抛低吸，什么叫高抛低吸，为什么我们总是做不对，甚至还有可能会做反呢？

显然这里有问题没有解决，买与卖的问题很容易理解，那一定是高与低的问题没有解决，如何判断高与低？判断的依据是什么？高与低本身就是相对的，必须要有一个比较标准才能确定，所以这个比较标准就显得特别重要。

高与低应该是按照估值来衡量，当然这个估值区间也不是一成不变的，随着市场大环境的变化，会有所升高或降低，熊市的时候所有的个股估值都会下降，牛市的时候估值自然会上升，这也是一般规律。

只有判断清楚了个股的估值区间才有进行高抛低吸的依据，否则抛与吸就是错误的，如果按照图形去确定，也是不可靠的，图形只反映相对的高低，个股也许下跌了50%但估值依然很高，也许上涨了50%但估值依然很低，这与上涨或者下跌多少关系不大，只与绝对估值有关系。

从这个角度来说，估值决定了买入价格，只有当股票价格低于正常的估值水平时，才是可以考虑的买入区间，如果没有了估值的参照，投资者就不清楚自己做的决策是否正确。

二、估值方法简介

估值着眼于上市或非上市企业本身，对其内在价值进行评估。一般来讲，企业的资产及获利能力取决于其内在价值。估值方法主要有以下几种。

（一）现行市价法

市价法是利用市场上同类资产的近期交易价格，经过直接比较或类比分析以估测资产价值的各种评估技术方法的总称。现行市价法的特点为相对公允，是根据真实成交评估出来的，价值相对来说更容易变现。

现行市价法要求有一个有效、公平的市场。有效是指市场所提供的信息是真实可靠的，评估参照物在市场上的交易是活跃的。公平是指市场应该具备公平交易的条件，买卖双方的每一步决策都是在谨慎和充分掌握信息的基础上做出的，并且假定价格不受不适当刺激的影响。

（二）收益现值法

收益现值法是通过估测被评估资产未来预期收益的现值来判断资产价值的各种评估方法的总称。收益现值法的特点是会高估未来的收益，没有谁对未来的判断是100%准确的，因为经常性乐观，所以导致高估。

使用收益现值法的前提条件是：要能够确定和量化资产的未来获利能力、净利润或净现金流量；能够确定资产合理的折现率，对于收益可以量化的机器设备，可采用收益现值法评估，如生产线、成套化工设备等。

（三）重置成本法

重置成本法是指首先估测被评估资产的重置成本，然后估测被评估资产已存在的各种贬损因素，并将其从重置成本中予以扣除而得到被评估资产价值的各种评估方法的总称。

重置成本法的特点是成本往往是过去已经发生的事实，随着通胀等因素发生变化，估算出来的数据偏低，重新建设一个新企业和收购一个已经存在了相当长时间的企业是完全不同的两个概念。

重置成本法的计算公式是：被评估资产价值=重置全价-实体性陈旧贬值-功能性陈旧贬值-经济性陈旧贬值或被评估资产价值=重置全价×成新率

（四）清算价格法

清算价格法是依据《中华人民共和国企业破产法》的有关规定，根据企业清算时其资产可变现的价值，评定资产重估价值的方法。清算价格一般是通过市场售价比较法来估算的。

清算价格法适用的前提条件：具有法律效力的破产处理文件或抵押合同及其他有效文件。资产整体或拆零在市场上可以而且必须快速出售变现。所卖收入足以补偿因出售资产的附加支出总额。

三、市盈率估值方法及运用

（一）市盈率（Price Earnings Ratio）的概念

市盈率也称“本益比”“股价收益比率”或“市价盈利比率”（简称市盈率）。市盈率是最常用的估值指标之一，由股价除以年度每股盈余（Earnings Per Share，EPS）得出（以企业市值除以年度股东应占收益也可得出相同结果）。由于计算方法不同，又分为历史市盈率、预估市盈率等。

合理的市盈率没有一定的准则，或者说仁者见仁，智者见智，市盈率本身是一种主观的判断，股票成交的市盈率是整个市场妥协并且取得一致意见的结果，可能每一笔成交的市盈率都不一样，股票每天的市盈率也是不同的，它是动态变化的，最终是市场妥协的结果。

市场广泛谈及的市盈率通常是静态市盈率，用来作为比较不同价格的股票是否被高估或者低估的指标。用市盈率衡量一家企业股票的质地并非总是准确的，市盈率这个指标也有一定的局限性。一般认为，如果一家企业股票的市盈率过高，那么该股票的价格就有泡沫，价值被高估。

（二）市盈率的特点

在计算市盈率的时候，我们使用了会计盈利这个数据，盈利这个数据相对于销售收入来说更有实质意义，毕竟对于企业来说，盈利才是更重要的，我们投资一个企业，本身就是作为它的股东出现的，如果一直无法实现盈利，就需要有持续的资金投入，如果不可持续，唯一的结果就是走向破产。

注意事项：

不同行业的企业不能使用市盈率进行估值比较，市盈率尽管是一个非常容易计算出来的数据，但不同行业之间比较的意义非常有限，在不考虑行业基本面巨大差异的情况下单纯比较市盈率，就像是比较橘子与苹果哪一个更甜一样，是没有道理的，所以在使用市盈率进行比较的时候，必须选定一个具有可比性的标准，这是使用市盈率的基本原则。

市盈率有的时候也会失真，因为在计算市盈率的时候，我们使用了每股收益这个数据，这个数据有时会发生扭曲，比如一些企业会有一次性收益，这种一次性收益包括出售闲置的固定资产获得的收益、政府补贴获得的收益，也包括打官司赢了获得的赔款等，这种收益在计算时必须扣除，因为这种收益是不可持续的。

在使用市盈率的时候，一定要注意必须使用完整的四个季度的数据，不是使用第一季度数据乘以 4，也不是半年数据乘以 2，这样的计算会有严重误区，一些企业的经营有季节性，比如第一季度的收入和利润占全年的 50% 以上，那么使用第一季度数据乘以 4 来预估全年的数据就会有非常大的偏差，同样道理用半年数据乘以 2 的方法也不适用。

市盈率有其适用范围，并不是所有的行业都可以运用这种估值方法，比如强周期的个股，使用市盈率估值就会产生一些问题，当宏观经济处于极度萧条时，强周期的企业会处于经济周期的谷底，盈利情况非常差，甚至可能是亏损的，那么如何来计算市盈率呢？相对来说市盈率更加适用于经营比较稳定、周期性较弱的企业。

在使用市盈率估计一家企业股票价格高低的时候，要选取一个比较标准，这个标准可以横比也可以纵比，所谓横比就是与同行业的企业进行比较，这样可以确定企业在行业内的估值情况，这也是在二级市场上经常使用的一种方法，研究报告基本上都是使用这样的估值方法。所谓纵比就是用企业现在的市盈率与其历史市盈率进行比较，确定企业目前的估值水平所处的位置，是处于历史较高水平，还是历史较低水平，当然这种比较也有一个前提条件，就是企业的主营业务没有发生巨大改变，如果企业经过重组或主营业务已经发生了改变，那么这种比较就没有意义了。

市盈率的数学意义在于，现在付出的价格是企业年度净利润的倍数，也就是说如果企业100%分红，那么按照现在的盈利水平，多少年后付出的本金能够完全收回，比如市盈率是20倍，就意味着现在付出的价格是企业当年净利润的20倍，如果企业100%分红，按目前的盈利水平要20年才能回本。

（三）均值回归

均值回归是金融学的一个重要概念，是指股票价格、房产价格等社会现象、自然现象（气温、降水），无论高于或低于价值中枢（或均值）都会以很高的概率向价值中枢回归。市盈率的均值回归是指不管股票的价格如何波动，向上或者向下，即使大幅偏离市盈率的历史均值，其还是会向着均值的方向回归，尽管这种回归可能会经历很长时间，但回归依然是大概率会发生的。

我们利用正态分布原理来判断股票的市盈率向均值回归的概率：正态分布（Normal Distribution），也称“常态分布”，又名高斯分布（Gaussian Distribution），最早由棣莫弗在求二项分布的渐近公式中得到，高斯在研究测量误差时从另一个角度导出了它，且研究了它的性质，这是一个在数学、物理及工程等领域都非常重要的概率分布，对统计学的许多方面有着重大影响。

正态曲线两头低，中间高，左右对称，因其曲线呈钟形，因此人们又经常称之为钟形曲线。

例如某地1993年抽样调查了100名18岁男大学生的身高，其均数为172.70cm，标准差s=4.01cm，分别求X±1s、X±2s、X±3s范围内18岁男大学生占该地18岁男大学生总数的实际分布百分比，并与理论分布百分比比较。计算结果见表8-1。

表8-1 男大学生身高抽样调查

X±s	身高实际范围（cm）	实际分布人数	实际分布百分比（%）	理论分布百分比（%）
X±1s	168.69~176.71	67	67	68.27
X±2s	164.84~180.56	95	95	95.44
X±3s	162.35~183.05	99	99	99.72

从实际统计的数据与理论分布情况来看，结果还是相当接近的，正态分布情况如图 8-1 所示。

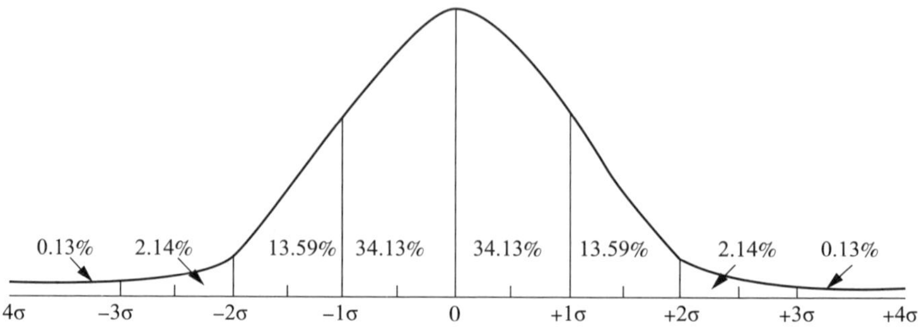

图 8-1　理论上的正态分布情况

我们使用正态分布，是分别确定当准确率为 1 倍标准差、2 倍标准差和 3 倍标准差时的买入区间，而 1 倍标准差、2 倍标准差和 3 倍标准差的买入正确概率分别约为 68%、95%及 99%，也就是说如果当前的市盈率低于历史上的 3 倍标准差下限时，买入之后上涨的概率达到 99. 72%。当股票的市盈率上涨超过 3 倍标准差上限的时候，股票价格下跌的概率达到 99. 72%。

（四）用市盈率进行均值回归演算

我们选取一个经营稳定、没有发生过重大重组，并且上市超过 7 年的 A 股上市企业，用它的市盈率进行均值回归演算。

以上海医药为例，首先提取数据，收盘价和年度的盈利数据如表 8-2 所示。

表 8-2　上海医药相关数据

	2011 年	2012 年	2013 年	2014 年	2015 年	2016 年	2017 年	2018 年
收盘价（元）	9. 89	10. 06	13. 69	15. 6	19. 02	19. 01	23. 82	17. 00
每股盈利（元）	0. 5883	0. 6675	0. 7688	0. 8037	0. 9410	1. 0880	1. 0583	0. 9374
年度市盈率	16. 81	15. 07	17. 81	19. 41	20. 21	17. 47	22. 51	18. 14
平均市盈率	18. 43	18. 43	18. 43	18. 43	18. 43	18. 43	18. 43	18. 43
标准差	2. 27	2. 27	2. 27	2. 27	2. 27	2. 27	2. 27	2. 27
1 倍标准差上限	20. 70	20. 70	20. 70	20. 70	20. 70	20. 70	20. 70	20. 70

续表

	2011 年	2012 年	2013 年	2014 年	2015 年	2016 年	2017 年	2018 年
1 倍标准差下限	16. 16	16. 16	16. 16	16. 16	16. 16	16. 16	16. 16	16. 16
2 倍标准差上限	22. 97	22. 97	22. 97	22. 97	22. 97	22. 97	22. 97	22. 97
2 倍标准差下限	13. 89	13. 89	13. 89	13. 89	13. 89	13. 89	13. 89	13. 89
3 倍标准差上限	25. 24	25. 24	25. 24	25. 24	25. 24	25. 24	25. 24	25. 24
3 倍标准差下限	11. 62	11. 62	11. 62	11. 62	11. 62	11. 62	11. 62	11. 62

通过以上数据可知，如果上海医药在某一时刻跌到市盈率 11. 62 倍以下，那么买入之后它上涨的概率将达到 99. 72%，如果上涨到市盈率超过 25. 24 倍，那么下跌的概率同样为 99. 72%。如果上海医药在某一时刻跌到市盈率 13. 89 倍以下，那么买入之后它上涨的概率将达到 95. 44%，如果上涨到市盈率超过 22. 97 倍，那么下跌的概率同样为 95. 44%。如果上海医药在某一时刻跌到市盈率 16. 16 倍以下，那么买入之后上涨的概率将达到 68. 27%，如果上涨到市盈率超过 20. 70 倍，那么下跌的概率同样为 68. 27%。截至 2018 年底，上海医药的市盈率为 18. 14 倍，处于 7 年来的均值附近，既不高估也不低估。从企业的性质上来说适合持有，不适合买入。（这里作为案例讨论，不作为投资依据，股市有风险，入市需谨慎。）

市盈率是目前市场上使用较为频繁、主要的估值方法之一，这种方法简单，数据容易取得，但在使用的时候要注意其本身是一个比值，这个比值如果没有比较基准，很难判断高低，50 倍的市盈率从绝对值上来说已经很高了，但还不能判断这个股票的估值，还要与它的历史市盈率以及同行业的市盈率进行比较才能得出结论，同时市盈率的高低也与企业所处的生命周期有关，当企业处于高速发展期时，可以给予更高的市盈率，而相反处于成熟或者衰退期时，不能给予过高的市盈率，即使是市盈率相同的企业，也要考虑业绩取得的途径。

从整个市场来说，市盈率应与基准利率挂钩。基准利率是人们投资收益率的参照系数，也反映了整个社会资金成本的高低。一般来说，如果其他因素不变，基准利率的倒数与股市平均市盈率存在正向关系。如果基准利率低，合理的市盈率可以高一点；如果基准利率很高，合理的市盈率就应该低一些。

四、市净率估值方法及运用

（一）市净率综述

市净率指的是每股股价与每股净资产的比率，可用于股票投资分析，一般来说市净率较低的股票，投资价值较高，相反，则投资价值较低。

市净率的计算方法是：

$$市净率 = P/BV$$

其中，P 为每股市价，BV 为 Book Value，即每股净资产。

股票净值即企业资本金、资本公积金、资本公益金、法定公积金、任意公积金、未分配盈余等项目的合计，它代表全体股东共同享有的权益，也称净资产。净资产的多少是由股份公司经营状况决定的，股份公司的经营业绩越好，其资产增值越快，股票净值就越高，股东所拥有的权益也越多。

市净率的数学意义为，现在买入股票意味着花了多少元钱买入了价值 1 元的上市企业的净资产。例如：现在买入的 A 企业股票的市净率为 4，说明花 4 元买了价值 1 元的股票。

市净率意味着股票价格相对于企业的净资产的比率。因此，市净率低意味着投资风险小，万一上市企业倒闭，清偿的时候可以收回更多成本。当然这仅仅是一般情况下的比较，这种比较相对简单，同时也忽略了许多其他因素，比如同样是市净率为 3 的甲乙两个企业，甲企业的应收账款为净资产的 10%，而乙企业的应收账款为净资产的 30%，显然在考虑市净率的时候，也要结合企业的资产质量、盈利能力、经营状况等来确定。

市净率本身是一种比较保守的估值方法，使用这种方法的投资者认为固定的盈利或者现金流是短暂的，能指望的是企业的有形资产价值，这里的有形资产是指看得见的资产价值，如设备、土地、厂房、现金、债券和产品，当企业破产清算时，只能寄希望于从这些资产的净值中获得一定的补偿。

市净率适用于评估高风险企业、资产大量为实物的企业，不适用于评估依靠无形资产产生收益的企业。

银行业由于其经营资产的特殊性，所有账面上的资产都是以现金的形式存在的，并且银行都有非常高的经营杠杆，估值的方法必然会非常保守，故选择市净率是相对合适的。煤炭、水泥、有色金属等资源类的个股，由于周期性强，盈利波动性大，经济周期谷底与顶峰的盈利水平相差数倍多，而净资产相对比较稳定，此时使用市净率估值也是合适的。

净资产是一个静态的概念，由于经营情况不同，净资产也会增加或者减少。市净率的核心意义就是投资者用了多少倍于上市企业净资产的价格买入了上市企业 1 元的净资产，这个比率的高低取决于买入的资产质量，买入的资产质量越高，给出的市净率就越高，相反则只能给出一个较低的市净率，使用市净率做比较的时候，只能与同行进行比较，跨行业的比较意义非常有限。

（二）重置成本与市净率的关系

重置成本是按照现在相同或者相似资产所需支付的现金或现金等价物的金额计量的；负债是按照现在偿付该项负债所需支付的现金或者现金等价物的金额计量的。

重置成本是一种现行成本，它和原始成本在资产取得时是一致的。之后，由于物价变动，同一资产或其等价物就可能需要用较多或较少交换价格才能获得。因此，重置成本表示当时取得同一资产或其等价物需要的交换价格。这种交换价格应该是从企业资产或劳务市场获得的成本价格。

在实务中，重置成本多应用于盘盈固定资产的计量等。例如，企业在年末财产清查中，发现全新的未入账的设备一台，其同类固定资产的市场价格为 40000 元，则企业对这台设备按重置成本计价为 40000 元。

在从业者的角度，应更注重重置成本，当一个企业的总市值下跌到企业重置成本以下时，就会有业内资本来买入企业的股票，这种业内人士买入股票的动机是如果从零开始重新建立一家与现在的上市企业相当的企业，应该投入多少成本，要是投入的成本明显高于现在已经存在的上市企业的市值，那么当然是直接买入现在的企业更划算，一个已经成功运营了三五年的企业，与一个刚刚成立一个月的企业的价值是不能同日而语的，成功运营了三五年的企业内部已经相当默契，部门之间的配合也已经很熟练，从外部来说，不管是上游供应商，还是下游产品销售的渠道商都已经建立了合作，显然这样的企业价值会更高一些，如果现在的市值与重新建立一家企业相当，自然是优先选择已经存在的企业。

五、市销率估值方法及运用

市销率（Price-to-Sales，PS）是总市值除以主营业务收入，或者股价除以每股销售额。通常来讲市销率越低，说明该企业股票的投资价值越大。

收益分析是评估企业经营前景至关重要的一步。没有销售，就不可能有收益。这也是近些年在国际资本市场上新兴起来的指标，主要用于创业板的企业或高科技企业。在纳斯达克上市的企业不要求有盈利业绩，因此无法用市盈率对股票投资的价值或风险进行判断，而用市销率进行评判。同时，国内证券市场运用这一指标来选股可以剔除那些市盈率很低但主营业务没有核心竞争力，主要依靠非经营性损益而增加利润的股票（上市企业）。因此该项指标既有助于考察企业收益基础的稳定性和可靠性，又能有效把握其收益的质量水平。

（一）市销率的优点

1. 不会出现负值

对于亏损企业和资不抵债的企业，市销率也可以计算出一个有意义的价值乘数。这与市盈率不同，当盈利为负的时候，计算出来的市盈率就是负值，然而负值在做比较的时候是没有意义的。

2. 稳定可靠，不容易被操纵

相对来说销售收入的数据更加真实，从经营者的角度，每一分销售收入都要交税，而且销售收入舞弊的成本是相当高的，且销售收入数据相对利润来说也更容易被投资者获得。

3. 可以反映价格政策和企业战略变化的后果

当企业发生变化的时候，最先反映在财务数据上的就是销售收入的变化，而销售收入的变化又常常是因为发展战略或者价格策略发生了变化，因此从估值的角度来说，最先反映这种变化的就是市销率。

（二）市销率的缺点

1. 不能反映成本的变化

市销率只反映了市价相对于每股销售额的比率，忽视了销售的质量，如果为了获得销售额而付出过高的成本，极端情况下可能会出现为了获得销售额而付出超过单位销售额的成本，那么这种销售额本身是不会带来利润的，相反销售额越大，企业的亏损越多。

2. 只能用于同行业对比

不同行业之间的获利模式有着非常大的区别，因此只适用于同行业间的比较，无法跨行业进行比较。

3. 不能剔除关联销售的影响

关联销售并不能反映真实的市场需求，有可能夸大企业的销售额，且不能带来利润（由于手段或者某种特殊的需要，也有可能会大幅提高收益），这样的销售额应该予以剔除。

与任何一种估值方法一样，市销率也有它的适用范围，一般来说市销率适用于一些毛利率比较稳定的行业，比如公用事业、商品零售业等。

肯尼斯·费雪（Kenneth L. Fisher）在1984年的著作《超级强势股》中详述了他关于市销率的研究，他是菲利浦·A. 费雪的儿子，而菲利浦·A. 费雪是《怎样选择成长股》的作者，也是成长型价值投资的开创者。肯尼斯·费雪认为，市盈率这个指标最主要的问题在于，即使是一家非常好的企业，它的利润也可能每年波动。比如某一年决定更换机器设备，资金投入技术研究以帮助企业在未来提高盈利能力，或者财务记账方法等都可能把上一个季度的盈利转为下一个季度的损失。

因此，真正判断一家企业长期是好是坏的指标应该是销售额。在利润经常波动的情况下，销售情况更加稳定。由于市销率是市值与销售收入之比，它的核心就是注重销售额。从企业管理的角度，销售额代表企业经营的状态和发展规模，也就是企业从经营上来看到底是怎样的。相对于净利润，这个指标更加注重企业的发展变化，也就是更能让投资者从“生意”的角度来看待问题。

如果市销率低，说明为获得销售收入支付的成本低；如果市销率高，说明为获得单位销售收入支付的成本高。相对而言，市盈率指标直观地反映了市场对企业成长性的评价。然而，鉴于企业净利润水平经常处于不断波动中，有时候甚至出现亏损，此时单凭市盈率来估值有失偏颇，而且不同行业的内在商业模式也决定了需要多种估值指标的配合。

六、现金流折现的估值方法及运用

现金流折现本身是绝对估值方法的一种。在60多年前，经济学家欧文·费雪提出：股票的价值等于它未来现金流的折现值，不多也不少。绝对估值方法是通过对上市企业历史、当前基本面的分析和对未来反映企业经营状况的财务数据的预测，获得上市企业股票的内在价值。

（一）现金流折现定价模型

目前使用最多的现金流折现定价模型是股利折现模型（DDM）和自由现金流折现模型（DCF），采用收入的资本化定价方法，预测企业未来的股利或者自由现金流，然后将其折现得到企业股票的内在价值。

DDM是将企业未来发放的全部股利折现来衡量当前股票价格高低的估值模型。公式为：股票价值=每股股利÷（折现率-股利增长率）。在实际使用中，由于以前中国上市企业分红的“觉悟”不高，对企业未来发放股利的预测难度很大；同时对公式中折现率的选择也较难确定，且这些变量的任何微小变动都会导致最后数据的大幅波动。不过，对于那些股利发放政策稳定的收益型企业或防守型企业，DDM可以成为主要的估值标准。

DCF是指企业税后经营现金流扣除当年追加的投资金额后剩余的资金。

公式为：自由现金流=经营性现金流-所得税-资本开支-现金股利。

如果一家企业自由现金流长期充沛，说明其有足够的可以支配的财务资源，可以用于扩大再生产，或者以现金股利方式回报股东，专业投资者非常看重这一指标。

现金流折现法的计算步骤：第一，预期企业未来存续期各年度的现金流量；第二，找到一个合理的公允的折现率，折现率的大小取决于取得未来现金流量的风险，风险越大，要求的折现率就越高。

具体做法是：假设企业会快速成长若干年，然后平稳成长若干年（或者算成永续成长），把未来所有赚的自由现金流（通常要预测15~30年）用折现率折合成现在的价值。这样，股票目前的价值就计算出来了。一般计算方法如下：企业的价值=前十年的自由现金流总和+永续经营价值。

企业通过把资本投出去产生收益，一些收益补偿了营业费用，另外一些收益用于企业的再投资，其余的就是自由现金流。投资者应该关注自由现金流，它是每年能够从企业中拿出来而不损害经营的资金。一家企业可以通过各种方式运用自由现金流。可以以股息的方式支付给股东；回购股票来提高每一位股东的所有权百分比；把自由现金流保留下来，并把它投入企业业务中。

为什么未来现金流没有当期现金流值钱？因为现在的钱可以投资赚取某种利润（钱生钱），因为风险，我们有可能永远无法得到未来的现金流，这就是“风险溢价”。

政府会为它们的债券支付利息给我们，而市场上没有多少现金流像政府的债券那样保险，所以我们需要加上一个额外的溢价来补偿那些可能永远收不到但已经承诺给我们的现金风险——政府债券利率加上风险溢价。

（二）折现率

投资者往往以一个很低的折现率来折现那些盈利稳定企业的未来现金流，因为那些企业未来现金流出现风险的可能性很低。相较于承诺未来某一时点收益率会很好的企业，投资者更愿意为一家现在就有利可图的企业支付更多。期限和不确定性（风险）对现值的影响很大。收到现金流所需的时间越长，实际收到现金流的不确定性就越大，该现金流的现值也就越低。

折现率包含三点：现在的钱比未来的钱值钱；未来的钱是有风险的，还有可能永远不会收到；未来不确定的企业的折现率更高，因其未来现金流不能实现的可能性更大。相反，盈利稳定、可以预期的企业具有较高的估值，因为它们未来现金流出现风险的可能性较低。

风险高的企业特征是低折现价值、高折现率，这也是高风险的企业要给低估值的重要原因。周期性企业的10年折现要比稳定性企业的10年折现低。因为稳定性企业更容易预测。周期性企业在某些年份以20%的速度增长，而在另外一些年份里增长率降低了很多，这就使投资者感觉到这是一项风险较高的投资，给股票估值时就使用了较高的折现率（风险溢价），结果折现的价值就比较低。

所以，现金流的现值取决于数量、时间期限长短和企业未来的风险三个条件。如果不同风险的企业保证十年内赚到相同的自由现金流，尽管数额相同，但由于折现率不同，其现在所需的投入也是不同的。

折现率是由什么因素决定的呢？我们怎么知道到底是使用7%还是10%来折现呢？上面讲过，除了机会成本和时间期限外，最大的决定性因素是风险。没有办法精确计算折现率，因为风险是一个很难准确测量的因素。但实际上当利率增长的时候，折现率也要增长。利率可以用长期国债的平均利率来做一个合理的替代。2003年中期，美国10年期债券的平均收益率大约是5.5%，可以使用这个利率。

判断一家企业的风险水平，可以通过观察企业股票的波动相对于市场波动的大小简单估计出来。传统的风险定义认为，如果一家企业的股价突然从30美元跌到20美元，这只股票就开始变得更有风险了，而我们认为，股价低比股价高是相对降低了风险的。

综上所述，应该怎样把所有的风险加权体现在一个折现率里呢？没有标准答案，对一家企业来说没有“准确”的折现率。

现金流折现在实际应用中的问题是：①未来若干年的现金流量如何定量？没有人能准确地预估将来的事情，明天的事情都很难预估，更何况明年甚至

10 年后的事情？②折现率如何确定？即使对未来 10 年的现金流预估准确，只要折现率选择不当，净现值的计算就难以达到理想的效果。由于企业折现采取的是复利计算，所以即使折现率只有 1%的差异也将导致现值巨大的差异。

模型的结果还是依赖于设定的参数。为什么快速增长率是 20%而不是 10%？为什么永续增长率是 5%而不是 3%？为什么折现率是 9%而不是 12%？为什么要设定企业快速增长 10 年而不是 20 年？为什么要假定企业永续增长，而不是享有一个企业的平均寿命？自由现金流折现估值模型涉及主观判断，因此，精确估值是很难做到的。分析师经常把具体股票的估值精确到分，显然这是一个“精确的错误”。

七、股息率估值方法及运用

股息率（Dividend Yield Ratio），是一年的总派息额与当时市价的比值，该指标是投资收益率的简化形式。股息率是每股股息与股票价格之间的比率。

类似于股票成了一种定期存款，而每年发放的股息就是存款的利息。如果一个企业的年度股息率连续多年超过 1 年期银行存款利率，则基本可以视这只股票为收益型股票，当然股息率越高越吸引人。决定股息率高低的不仅是股利和股利发放率的高低，还有股价的高低。例如两只股票，A 股价为 10 元，B 股价为 20 元，两家企业同样发放每股 0. 5 元股利，则 A 企业 5%的股息率显然要比 B 企业 2. 5%的股息率诱人。

从确定性的角度来说，股息是 100%拿到手里的收益。早在公元前 600 年，智者伊索对投资就有论断：“手里的一只鸟值灌木丛里的两只鸟。”当无法判断灌木丛里是否有鸟，它们何时出现，有多少只鸟时，就应合理运用无风险收益，以及企业未来可能带来的现金流、利润、股息这些信息，从常识的角度判断“是否手里的一只鸟值灌木丛里的两只鸟”，或者某只股票是否值得拥有。

股息率的计算公式是：

股息率=年度股息/买入股票的价格×100%

从投资者的角度来说，当然是股息率越高越好，股息率越高意味着分到投资者手中的红利越多，投资收益也就越高，甚至完全可以把股票当成一种定期存款，每年的分红就是利息，而完全不在意股票价格的波动，只取得分红收益就已经非常满足了。当然这只是理想状态，一般来说，如果企业的股息率能够超过 10 年期国债的收益率，就已经相当优秀了。证券市场的衡量标准是连续多年股息率超过 1 年期定期存款利率的股票，就可以认为是稳定收益型的股票，把资金放到股票上已经明显好过存银行了。

八、PEG 估值方法及运用

PEG 指标（市盈率相对盈利增长比率）是在 PE 估值的基础上发展起来的，它弥补了 PE 对企业动态成长性估计的不足。其计算公式是：

$$PEG = PE / (\text{企业年盈利增长率} \times 100)$$

粗略而言，PEG 值越低，股价遭低估的可能性越大，这一点与市盈率类似。需注意的是，PEG 值的分子与分母均涉及对未来盈利增长的预测，出错的可能性较大。计算 PEG 值所需的预估值，一般取市场平均预估（Consensus Estimates），即追踪企业业绩的机构收集多位分析师的预测所得到的预估平均值或中值。

相对来说 PEG 是最激进的估值方法，因为在 PEG 的计算当中，分子与分母两个值都是预测的，从确定性来说降低了许多，在现实生活中预测一个数据还经常性地出错，更何况要预测两个数据，这是它的风险所在。

PE 仅反映了某股票的当前价值，PEG 则把股票当前的价值和未来的成长联系在一起。比如一只股票当前的市盈率为 20 倍，其未来 5 年的预期每股收益复合增长率为 20%，那么这只股票的 PEG 就是 1。当 PEG 等于 1 时，表明市场赋予这只股票的估值可以充分反映其未来业绩的成长性。

如果 PEG 大于 1，则这只股票的价值就可能被高估，或市场认为这家企业的业绩成长性会高于市场预期。通常来说，成长型股票的 PEG 都会高于 1，甚至在 2 以上，投资者愿意给予其高估值，表明这家企业未来有可能会保持业绩的快速增长。

当 PEG 小于 1 时，要么是市场低估了这只股票的价值，要么是市场认为其业绩成长性比预期要差。通常价值型股票的 PEG 都会低于 1。投资者需要注意的是，PEG 要和其他指标结合起来使用，这里最关键的还是对企业业绩的预期。

由于 PEG 需要对未来至少 3 年的业绩增长情况做出判断，不能只用未来 12 个月的盈利预测，因此大大提高了准确判断的难度。事实上，只有当投资者对未来 3 年以上的业绩做出比较准确的预测时，PEG 的使用效果才会体现出来，否则会起误导作用。此外，投资者不能仅看企业自身的 PEG 来确定它是高估还是低估，如果某企业股票的 PEG 为 1.2，而同行业企业股票的 PEG 都在 1.5 以上，则该企业的 PEG 虽然已经高于 1，但其价值仍可能被低估。

九、总市值法

前面我们介绍了许多种估值方法，但这些方法都是对股票某些方面的判断，而没有一个总体的轮廓，总市值法是评估一个企业未来能够达到的总市值大小，更加直观，从宏观上判断一个企业的量级，比单纯的市盈率、市净率站在更高的高度。其计算公式为：

总市值=股价×总股本=市盈率×每股盈利×总股本=净利润×市盈率

显然在市盈率不变的情况下，净利润越高，总市值越大，这也是我们做价值投资最根本的保障，或者说为什么我们要去判断未来企业的发展情况，其实就是判断未来企业收入与利润的变化情况，如果未来收入与利润不再增长了，那么即使再用心，企业的总市值也不会有大幅度增长，我们的投资也没有了依据。

从另一个角度说，总市值的增加也有赖于市盈率的变化，当市盈率变大的时候，总市值也会增加，这就是短期股票价格大幅波动的原因。比如几个月的时间总市值增加了十倍，更多的是市盈率的变化，这种短期市盈率的剧烈变化，核心在于市场供求的变化，当供不应求的时候，市盈率就会大幅度提高，这也会导致总市值的大幅度增长，但这种增长是不可能持续的，短期虚高之后还会回落到正常水平附近，只是这种回落可能会持续相当长的时间，而且如果买入的价格特别高，即使企业的利润有连年增长，总市值可能也不会增加，这也是为什么要强调买入的估值水平必须处于合理估值以下，买入价格过高，将很难获得投资的成功。

从总市值的公式能够清晰地知道，只有净利润增加了，总市值才有可能持续增加，那么对于投资者来说，要做的工作就变得非常简单了，因为市盈率不是我们能够控制的，我们只能去判断净利润，在确保总利润增长的情况下，以尽可能低的市盈率去买入企业的股票，赚钱的概率就会增加许多，这也是估值的核心所在。

只有净利润不断增长，我们才有可能赚到钱，如果企业净利润不再增长或者负增长，那么后果不容乐观。要想增长净利润，要么在总收入不变的情况下减少总支出，要么在控制总支出增长速度的情况下增加总收入。从长远来看只有总收入持续增加，并且总支出的增长速度小于或者等于总收入的增长速度，总利润才会持续增长，这也是最为健康的增长方式，即开源型的增长。另一种依靠降低总支出来增加净利润的节流型增长是不可持续的，因为总支出即使压缩到极致也不可能为零，企业压缩开支只能在短期内取得效果，很难维持长期的净利润增长。

这样整个投资的思路就已经理顺了，要投资股票赚钱，就是判断上市企业未来的总市值能够增加，总市值增加的前提条件是买入的估值水平不能太高，同时要能够判断企业未来的净利润也持续增加，企业要在控制总支出增长率的情况下增加总收入，且保护利润不受侵蚀。

不同类型的企业能够达到的总市值规模是不同的，比如生态型企业能够达到万亿市值规模，而平台型企业可能只有千亿市值规模，产品型企业可能只有百亿市值规模，这与企业的基本模式相关，当一个企业的总市值明显高于这类企业的估值极限时，企业就很明显被严重高估了。

十、估值的总体原则

市场中估值的方法有很多，不同的投资者可能青睐不同的估值方法。但有一些原则是总体适用的，包括确定性原则、增长率原则、行业性生命周期原则等。

（一）确定性原则

这是判断企业价值时最重要的原则之一。企业发展的不确定性将导致投资者在买入股票时打比较大的折扣，要求一个比较低的价格和一个比较高的回报。对于确定性强的企业可以适当给予估值溢价，或者说为了获得确定性的回报，可以适当给高一点的价格。

（二）增长率原则

在同样的市场条件下，增长率更高的企业可以给更好的估值水平，比如两个企业一个年增长 20%，另一个年增长 40%，在其他条件大致相当的情况下，增长率更高的企业可以给更高的估值，同时还要参考企业的资本再投入与面临的风险。资本再投入是指为了维持企业的增长必须要投入的资本金，如果这些投入影响企业的增长率，这种企业应该给更低的估值。从判断估值的角度来说，增长率是核心，而在增长率确定的基础上，参考资本再投入与风险水平来确定具体估值。

（三）行业性生命周期原则

每个行业都要经历一个由成长到衰退的发展演变过程，即行业的生命周期。行业的生命周期可以分为导入期、成长期、成熟期和衰退期。具体见图 8-2。

在 A 股上市的企业，处于导入期的基本上是没有的，但处于成长期、成熟期与衰退期的企业却屡见不鲜，数量庞大。企业处于不同的生命周期，对其的估值方法自然是不同的。

对于成长期的企业，本身处于高速成长中，表现为客户数量快速增加，

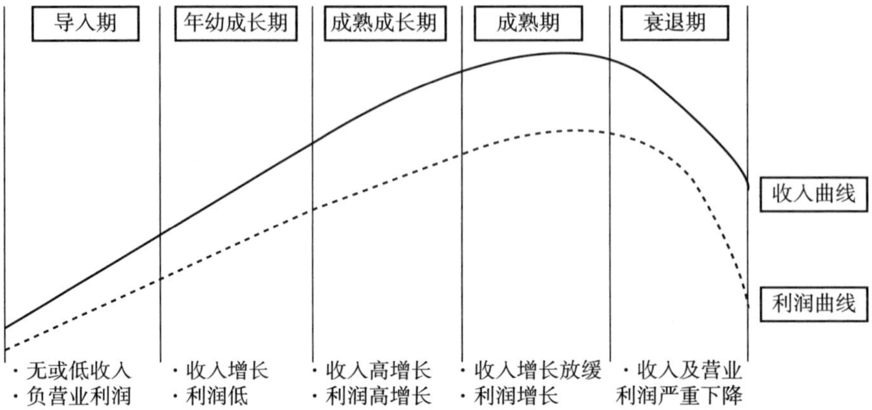

图 8-2　行业的生命周期

销售收入快速增长，但不见得会有非常高的利润，甚至可能由于高速增长会有大量投入，净利润是亏损的，这种情况下使用净利润来估值显然是不合理的，更多的是应该参考企业的客户数量，行业的最终市场容量以及企业的市场占有率等。这个时期的企业就像一个在初高中时期成绩非常优秀的孩子，现在还没有参加工作，不能产生自由现金流，还需要家长不断地投入，但其大概率会考入一所名牌大学，将来会有一个比较好的工作，自然也会产生较好的现金流，那时才能体现价值。

对于成熟期的企业，收入与利润都已经达到了一定量级，并且极有可能出现利润增长远快于收入增长的情况，这是因为企业已经不再需要更多的资本投入，前期的投入已经足够，收入转化为利润的比例增加，利润的增长速度更快，这个时期的估值应该主要参考利润，当然随着收入放缓直至不再增长，企业的利润将达到最大化，这时企业的价值也将达到最大化，这一时期的市场增长率不高，需求增长率不高，技术上已经成熟，行业特点、行业竞争状况及用户特点非常清楚和稳定，买方市场形成，行业盈利能力下降，新产品和产品的新用途开发更为困难，行业进入壁垒很高。企业的估值达到比较稳定的状态。

衰退期的企业收入开始缓慢减少，减少的初期也许利润的变化不明显，但随着需求减弱，未来的收入越来越少，必然会影响利润，行业陆续有一些竞争力较弱的企业破产或者退出，行业总体产值连年减少。这时，对于二级市场投资者来说参与投资的必要性就比较小了，除非从破产清算的角度来说，企业的破产价值还在总市值以上，否则最好还是不参与。

估值的核心还是做业绩预测，也就是判断未来几年，企业的业绩情况，当然，不同企业的估值方法有所不同，但有一点是相同的，就是都要判断企业的业绩情况，从长期来看，只有更高的业绩，才能支持企业的总市值更大。这也是价值决定价格的具体体现，价值是企业从现实市场上创造的利润，价格是股票市场给企业的估值，两者从长期来看是正相关关系，并且时间越久这种相关的系数越大。

十一、市场估值的差异

我们经常会看到，同时在 A 股和港股上市的企业估值水平不同，A 股的银行类个股可能比美股的银行类个股便宜，而 A 股的其他股票却又远远贵于美股，是什么造成不同市场间的估值差异，如果想长期在市场里生存，就有必要了解一下形成这种差异的原因。

中美两国股票市场的估值体系存在比较大的差异，产生这些差异的原因是多方面的。首先是利率环境不同，中国无风险收益率较高，而 A 股的股息率较美股相对偏低，因此股息率与 10 年期国债收益率的比值比美国要低得多，具体见图 8-3。因此在 A 股市场上的投资者主要是为了获取价差收益，而非企业分红收益。另外在投资者结构、市场制度、上市企业生命周期和经济体的发展速度等方面也存在较大差异。未来随着资金跨市场流通便利性的提升，长期来看国内投资者结构、制度与行业性质也会逐渐改变，随着散户数量的减少、机构投资者占比的提升、市场制度逐渐向注册制转变、退市制度的完善、各行业集中度的提高，A 股与美股的估值水平差异将逐渐缩小，整体估值体系将逐渐趋同。具体见表 8-3。

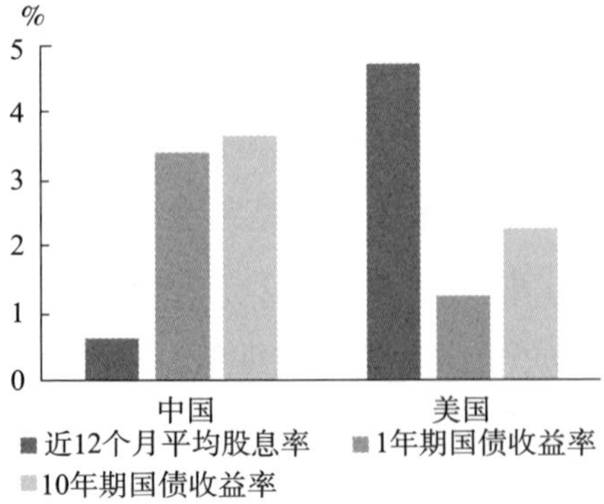

图 8-3　中美平均股息率与国债收益率对比

表 8-3　中美投资者结构、市场制度、企业生命周期对比

	中国	美国
投资者结构	国内市场散户较多，趋势投资者占比较高；长期来看，机构投资者的占比将日益增加	机构投资者与价值投资者占比较高
市场制度	IPO 批准制，退市制度目前仍不完善；中长期随着 IPO 过会速度加快，将逐步向注册制过渡，并且完善退市制度	IPO 注册制，退市制度被完善
企业生命周期	行业集中度有提高的趋势	行业集中度较高

A 股市场的企业在没有被监管强制要求分红以前，对于分红本身也是不重视的，甚至许多企业会连续多年不分红，而市场内的投资者更是热衷于赚取差价，本身也不计算分红的收益，相对来说美股市场的分红已经成为一条成熟而稳定的获利途径。

中美市场更重要的估值差异，来源于经济体的发展速度不同，中国经济的年均增长率基本保持在 6%以上，而美国经济能够保持 3%的增长已经相当不错了。这是因为两个经济体处于不同的发展阶段，对于未来，中国更有无限可能，估值自然是要高一些，而美国已经相当成熟，现金流丰富，总体估值水平已经不能给太高了。

虽然总体市场的估值水平和多数行业的估值水平 A 股都高过美股，但也不是所有的行业都高，比如银行业的总体估值 A 股就低于美股。这主要是中国银行业特殊的政策管制、利差为主的盈利模式等造成的。但是，中国保险股估值略高于美股，因为两国的保险业发展水平还有较大差距，中国的保险业目前处在较快的成长期，未来的增长潜力相比美国要大得多。显然行业估值与行业所处的生命周期、发展前景、发展速度密切相关，不能单纯比较数字大小，毕竟不同的市场环境、行业生命周期、企业发展速度与风险水平都会影响估值。

十二、新上市公司的估值方法

好企业也要有好价格，才会是好股票，这也是一级市场与二级市场本质的区别。只有好企业是不够的，如果价格过高，那么买入后可能会被套很长时间，对于上市已经有一段时间的企业，可以用均值回归法来判断估值的高低，也可以用比较法来判断企业估值在行业内的位置。对于刚刚上市的企业，一般会用预测法来判断估值。

预测法其实就是预测未来三年企业的增长情况，包括收入的增长和利润的增长，当然最终利润要表现在现金流上，如果没有现金流的持续好转，销售是不能够测评的。预测收入情况之后，还要判断未来五年到十年企业的总市值会达到什么样的量级，这也非常重要，特别是一些行业内的龙头企业，可以用行业总的市场空间与市场占有率来推算企业最终能够达到的量级。比如医美行业，如果单独看指标，目前行业内的企业都不便宜，甚至可以说是相当昂贵了，但如果换个角度，从行业未来总体量、市场销售总额和企业的占有率来看，如果能够有足够的耐心，忍受三年不赚钱，现在的价格也是可以接受的。

简单总结一下，这种预测方法就是预测行业的总规模，看企业的市场占有率，判断行业成熟之后企业的收入量级、利润总额，然后按照市场平均的估值水平衡量企业的总市值，这种方法眼光相对深远，也会经历许多波折，企业股票价格可能会出现大幅度的、长时间的波动，这就要求投资者必须要有超强的承受能力，可能三年不赚钱，企业要经历几年的调整才会从低迷当中走出来。

估值既是科学也是艺术。说是科学，因为有科学推算的成分，有对收入的推算，有对历史数据的分析与判断；说是艺术，因为对于未来的判断更多是模糊的，是不能完全精确计算的，甚至有些时候行业的发展会完全超出当初的估计，如果只从数学计算的角度去考虑，当初花这样的价钱买入显然是不合理的，甚至如果从保守的角度考虑，可能永远没有买入机会，但如果从宏观的角度看，从总市值的角度看，买入也许是聪明的决定。

十三、对于估值的再认识

估值是非常重要的问题，也是在股票市场里投资时不得不面对的问题。如果我们不知道某个企业本身值多少钱，那么就不知道该花多少钱去买它的股票，也不知道花的钱到底划算不划算，这样的话当股价出现剧烈波动的时候，我们就会开始怀疑自己的决策，动摇持有的决心。对于估值，我们应该有怎样的再认识，有什么样的心理预期，才能更加符合客观实际情况？

企业估值是着眼于上市或非上市公司本身，对其内在价值进行评估。一般来讲，企业的资产及获利能力决定了其内在价值，估值是对其投融资、交易的前提。一家投资机构将一笔资金注入企业，应该占有的权益首先取决于企业的价值。一个企业值多少钱是非常专业、复杂的问题。对于企业的估值，每个人的看法都不一样，尽管决定内在价值的因素有两个，一个是资产，另一个是收益，但有人更喜欢资产，因为看得见，摸得着，是实实在在的企业已经拥有的资产，是有价值的资产；有人更喜欢收益，尽管企业目前可以掌握的资产并不多，但能够合理地运用这些资产在未来获得丰厚的收益，也是一种评估思路。对于不同的人，评估出来的结果就会相去甚远。

估值本身是毛估，是大致的数据，如果能够把一个企业的价值评估到个位数，那么这个答案一定是错误的，在企业没有获得丰厚回报的时候，谁也不知道它的价值是多少，就像20年前我们不知道阿里巴巴的价值一样，显然那个时候入股的投资者都大赚了一笔，而当时入股时，肯定反对的声音也不少。

第九章

现场调研

投资从本质上来说就是选择一个优秀的企业，如果我们已经挑选好了目标，并且经过初期的分析认定企业的基本面是比较优秀的，那么最好去做现场调研。现场调研就是去上市公司调研，了解将要投资的企业有什么样的管理层，他们对企业有什么样的规划，当然也可以是去竞争对手企业调研，竞争对手是最了解彼此的，有的时候甚至对企业的缺点看得比任何人都清楚，竞争对手调研也许能够有意外的收获。还有第三方调研，就是去行业协会、商场、超市直接了解产品的销售情况。投资者也可以自己进行草根调研，最简单的就是去数货车、看发货量等。

一、现场调研的作用

调研的第一个作用是能够获得第一手的资料，能够对企业有一个直观的认识，能够直接与管理层面对面沟通，能够接触到企业各个级别的员工，比如证券事务代表、董秘、基层的生产人员等，这样的调研首先能够让我们认识到，企业是活生生的、充满生气的整体，有一群人在努力奋斗，而不是一个简单的交易筹码。其次认识到股票本身就是企业股权，帮助投资者建立根本性的投资意识，把企业从纸面带到现实，把股票从代码转为实体，感受一个真实的企业，一群有血有肉的工作人员。

调研的第二个作用是可以与董事长近距离沟通。我们买入了一个上市企业的股票，就是与上市企业的实际控制人（多数情况下是董事长）建立了法律意义上的合作关系，我们也是合伙人，区别在于我们持有的股票数量少，也不参与企业的直接管理，董事长持有的股票数量多，并且能直接做出企业决策。除此之外，股东所具有的权利与义务都是一致的，既然是合伙关系，就要了解一下合伙人脾气如何，能力怎样，对于行业的发展有哪些想法，对于企业的未来有什么构思，如果不了解这些，就不要轻易投入资金。

调研的第三个作用是印证对企业的判断，既然已经来调研了，那一定是对企业有所了解的，并且认为企业总体上还是比较优秀的，值得来现场调研。企业是如何评价行业内竞争格局的，企业具有什么样的不同之处，是什么能够让企业在激烈的竞争中立于优势地位，如果企业的判断与调研者的判断完全不同，或者根本就是两回事儿，那么要重新评估一下，企业的优势还能持续多久？

二、现场调研的准备

现场调研之前，必须要对企业进行认真细致的了解，这些了解包括企业所在行业的情况，企业处于什么样的发展阶段，企业在行业内的地位如何，企业的产品或者服务有什么样的竞争优势，企业的管理团队是否足够优秀，是否有可以合作三年、五年甚至十年的愿望？

所有这些工作都要从企业的产品入手，次第揭开企业的面纱。比如通策医疗从主营业务构成这个类别里能够了解到的信息如表 9-1 所示。

表 9-1　2018 年通策医疗的主营业务构成

	主营业务构成	主营业务收入（元）	收入比例（%）	主营业务成本（元）	成本比例（%）	主营业务利润（元）	利润比例（%）	毛利率（%）
按行业分类	医疗服务	14.74 亿	95.36	8.28 亿	94.46	4.46 亿	97.05	43.83
	产品销售	6271.04 万	4.06	4777.86 万	5.45	1493.19 万	2.24	23.81
	其他（补充）	553.28 万	0.36	83.43 万	0.10	469.84 万	0.71	84.92
	其他	350.12 万	0.23	0	0	—	—	—
按产品分类	医疗服务	14.74 亿	95.36	8.28 亿	94.46	6.46 亿	97.05	43.83
	产品销售	6271.04 万	4.06	4777.86 万	5.45	1493.19 万	2.24	23.83
	其他（补充）	553.28 万	0.36	83.43 万	0.10	469.84 万	0.71	84.92
	其他	350.12 万	0.23	0	0	—	—	—
按地区分类	浙江省内	14.11 亿	91.25	7.68 亿	87.55	6.43 亿	96.11	45.59
	浙江省外	1.30 亿	8.39	1.08 亿	12.36	2131.72 万	3.19	16.44
	其他（补充）	553.28 万	0.36	83.43 万	0.10	469.84 万	0.70	84.92

该企业 2018 年全年医疗服务业务收入为 14.74 亿元，产品销售收入为 6271.04 万元，其他（补充）收入为 553.28 万元，按地区分浙江省内主营业务收入为 14.11 亿元，浙江省外为 1.30 亿元。可以大致了解该企业的收入量级为 10 亿元，主要业务大致是在浙江省内，那么浙江省内有关企业政策的变化就显得特别重要了，这将对企业的业务产生重大影响。同时，企业的医疗服务业务毛利率为 43.83%，并且医疗服务业务占了企业总体净利润的 97.05%，那么分析医疗服务业务就成了分析这个企业的关键。

我们了解到企业的主营业务为口腔医院，目前在北京、武汉、重庆、成都、广州和西安拥有六家大型口腔医院，并且还有诺贝尔生理学和医学奖获得者、“试管婴儿之父” Robert Edwards 创立的体外受精试管婴儿治疗中心、与剑桥波恩共同打造的昆明波恩生殖中心，各项指标均达到国际先进水平。

从整个 A 股上市企业来看，通策医疗是唯一的牙科连锁企业，同时在牙科连锁行业内该企业也处于前列。

（一）市场空间

从人均牙医配备、齿科就诊率和种植牙渗透率的角度看，中国牙科市场成长空间巨大。目前，中国牙科市场正在经历快速发展阶段，尤其是种植牙等高端业务的增速极快，市场规模有望向发达国家靠拢。人均可支配收入提高、老龄化以及牙科健康普及教育不断渗透是驱动中国市场快速发展的重要原因，在鼓励民营资本进入医疗领域政策的带动下，牙科市场有望持续快速发展。这里的核心逻辑是人口的老龄化，一般来说随着年龄的增加，人的牙齿会出现越来越多的问题，修牙的概率就会增加。

（二）行业概况

目前国内从事口腔医疗服务的经营主体大致可以分为四类：综合性医院口腔科、公立专科口腔医院、民营口腔医院及连锁机构、个体诊所。

从医疗机构的实力来看，在全国范围内，四川大学华西口腔医院、北京大学口腔医院、上海市第九人民医院、第四军医大学附属秦都口腔医院、武汉大学附属口腔医院、北京协和医院、天津市口腔医院、广东省口腔医院、中山大学附属光华口腔医院、山东大学口腔医院、浙江大学医学院附属第二医院等，在临床和科研方面处于行业领先地位。这些医院的年门诊量可达30万~45万人次，就诊患者多为疑难口腔患者或有高端需求的患者。

从医疗机构群体的结构变化来看，我国口腔医疗市场主要的医疗服务提供主体是公立口腔医疗机构，但是近几年民营口腔医疗机构发展较快，由于就医环境较好、重视市场开拓和服务质量，其影响力在逐步扩大，如通策医疗、瑞尔齿科、北京佳美等。目前，已有大量的连锁口腔诊所出现在经济发达的一线及省会城市，口腔医疗机构连锁模式发展的空间巨大，如表9-2所示。

表9-2　口腔医疗市场经营主体特点比较

	综合性 医院口腔科	公立专科 口腔医院	民营口腔医院 及连锁机构	个体诊所
分布	一般各城镇综合医院都有设置	一线及省会城市，部分经济发达的地级市	目前一线城市、省会城市等经济发达地区较集中	遍布各城镇生活区
硬件设备及医师技能水平	硬件设备较齐全，与专科医院相比有一定差距；医师技能较好	规模大，设备精良；有大量知名专家，医师学历一般在硕士以上	设备精良，且相比公立医院有就医环境、服务、体验等优势；医师学历多在本科以上，一般配有知名专家	规模小，设备较简易，医师技能和学历一般
医疗服务范围	一般口腔疾病的诊疗	各类口腔疾病、疑难杂症诊疗，包括种植、正畸、颌面外科等	主要特色来自种植、正畸、修复、口腔保健等项目	较为常见的“拔、镶、补”等
服务人群	专科口腔医院缺少的情况下或占据主导地位	一线口腔专科医院可辐射至全国，大部分有当地口碑	有定位高端的机构，也有中端服务满足多元化医疗需求	社区患者，就近服务

纵观口腔医疗服务行业的发展历程和竞争现状，技术、服务、品牌已经构成口腔医疗机构打造核心竞争力的三大要素，口腔医疗机构若能在此三方面实现差异化和专业化，就能够迅速获得竞争优势，提升市场地位。

三、现场调研的开展

我们进行现场调研最理想的方式就是参加股东大会，包括年度股东大会以及临时股东大会，年度股东大会一般在每年的4—6月举行。参加年度股东大会有以下好处：来参会的人员齐整，企业的董事、独董、监事、高级管理人员、会计师事务所人员以及律师事务所人员等都会参与，能够全面了解企业的管理团队，同时参会的门槛比较低，只要是股东就可以参会。

在进行现场调研之前，要密切关注企业公告，一般企业会提前至少两周公告股东大会的时间、地点以及表决事项，要认真阅读企业年报，了解年度股东大会的相关事项。保证拥有企业的股票是参加股东大会的前提，如果不是企业的股东，就没有权力参加股东大会。买入企业股票之后，要在规定的时间内进行股权登记，随着电子技术的发展，现在的股权登记基本都可以通过邮件进行了，只需要将本人的有效身份证件与股东卡复印件发给企业。

在所有准备工作做完之后，进行现场调研时最好能够提前半小时以上到达会场，可以利用这段时间与企业的工作人员进行沟通，有时甚至能够得到一些答案，这些答案会比董事长在会议上说的话可信，并且通过沟通有可能得到证券事务代表或者董秘的联系方式，为进一步沟通创造条件。

提前到达会场，还可以更好地了解员工的工作状态，办公室的整洁程度，工作人员对于参会股东的态度等，通过这些细节可以感受企业的工作氛围，了解员工的精神状态，这些都是企业整体印象的一部分。

股东大会开始之后，要观察是否有无故不参会的情形，大会的事项有没有按照既定流程进行，流程的完备程度和严谨程度也反映了企业的做事风格。当然重点不在于股东大会的表决事项，而在于随后进行的问答，要与企业管理层进行沟通，把事先准备好的问题，与董事长、总经理或者研发总监进行沟通，了解他们的想法，以及他们对未来的规划。

在与董事长的交流中，能够提出核心问题是关键。当然并不是所有的问题都可以随意提问，特别是带有数字的问题一定要注意回避，因为这是监管不允许的，会给董事长带来麻烦。比如今年销售预计增长多少？利润的增长会有多少？这样的问题董事长一旦回答了，就意味着违规，但是对于行业的变化是可以充分探讨的，比如行业的增长情况，天花板有多高，行业的竞争态势如何，企业的优势在哪里，都可以有充分直接的交流。企业的竞争优势是其在行业内立足的根本，对于优势的认知和加强决定了企业未来的发展，这方面只有报表上显示的才是可靠的。

现场调研一般会关注以下问题：

（1）原材料供应情况：对于一个企业来说，原材料是重要的成本组成部分，如果原材料价格上涨，企业就会背负更高的成本，如果企业对原材料价格有相当的话语权，比如能通过扩大采购规模而压低价格，那就是非常有利的。

（2）产品价格和毛利趋势：价格与毛利率是息息相关的，如果价格能够持续提高，那么毛利率肯定不会差。

（3）各项费用变化趋势：产品售价—成本—各项税费就是企业的净利润，一个企业的费用情况反映了企业的内部管理情况，内部管理更有效的企业更有竞争力。

（4）新产品/项目进展或计划：关注企业未来的发展情况，只有持续不断有新产品诞生，有新项目上马，企业的发展才会有连续性，未来的增长才会有保障。

（5）客户结构及下游需求状况：关注客户，如果单独客户占企业收入过高，表明企业对大客户的依赖程度太大，这是非常大的风险，要引起注意。

（6）竞争对手情况：关注竞争对手的变化，很少有企业没有竞争对手，有利润的地方就有竞争。

（7）是否有兼并收购计划：这是外延发展的一个重要组成部分，也是一些行业的主要扩张手段。

（8）企业对自己业绩预测：一般企业不会轻易透露业绩，需要结合多方面的沟通来综合判断。

四、现场调研后的评估

现场调研结束之后，要对被调研的企业进行全面总结。首先进行定性判断，要确定这个企业是否为行业内的优秀企业，从行业未来发展状况、企业竞争优势、管理层的状况等来进行评估，这是相当重要的工作。对于企业的评估，定性是基础，只有定性分析显示企业足够优秀，才能进一步考虑估值的问题，做定量分析，如果定性分析显示企业还有很多疑点无法得到合理解释，而企业管理层也没有明确说明，那么投资这样的企业是很危险的。每一项与行业内有重大差异的数据都要有合理的解释，不然会有巨大的风险。

对于定性分析为优秀的企业，就可以进行定量分析，定量分析一般会有三种结果：严重高估、估值合理和严重低估。这三种结果对应不同的处理方式，当严重高估时，需要耐心等待，优秀的企业也要有合理的价格才能成为投资目标，不能花非常高的价格去买入，任何企业的股票，如果花的价格过高，都有可能成为糟糕的投资。当估值合理的时候，如果企业确实优秀，可以适当进场，但显然这并不是最佳的买点，只是花了合理的价格买入优质的企业，能够赚到企业成长的钱，却无法赚到市场情绪带来的超额收益，只有当严重低估出现时，才是最有利的买入时机，这时应该下重手去买入，就像超市开始促销一样，当然要多买一点。

五、买入后的跟踪与调整

买入股票之后并不是就万事大吉了，买入之后也不一定会很快上涨，根据经验，一般都会经历一段时间的下跌，当然也有买入之后就开始上涨的，但相对于发生下跌，上涨的概率还是太小了。

买入之后要对企业进行跟踪，要清楚地知道买入了股票就意味着参股了一家企业，而这个企业是会发展变化的，在企业管理层的领导之下，每个月、每一年企业都会发生一些变化，要清楚企业向哪个方向发展，是对企业的监测最为重要的内容，要注意企业的定期报告，如果发现了某一方面的变化与预想的不一致，要及时确认，以保证投资安全。

也可以通过媒体对企业的报道进行分析，特别是一些明星企业，相关的报道会比较多，对于董事长的个人采访里也有对企业未来发展方向的描述，将其与调研现场的内容进行反复分析与对比，就会知道管理层对于投资者是否真诚，这非常重要。

买入企业股票之后，经过持续跟踪发现，企业一直表现得不错，那么就可以一直持有，直到符合卖出条件，再适当调整一下配置。

第十章

企业财务分析

一、财务报表概述

分析上市企业必然无法绕开财务分析。许多投资者，特别是没有学习过财务分析的投资者，对于财务报表有一种天然的恐惧感，一看到那些密密麻麻的数字就头疼，但实际上只要掌握了基本原则，财务分析并没有那么难。

分析企业财务报表的前提是要了解企业的商业模式，也就是要清楚企业是如何赚钱的，赚钱方法不同，就会有不同的报表特征。比如银行是高杠杆的商业模式，银行的总资产大部分都是借来的，是储户的钱，银行的资产91%以上都是负债。因此当看到高负债率时，第一反应就是这是一个银行类企业的资产负债表。

在分析企业财务报表之前，先要了解会计报表。会计是商业通用语言，一位中国会计通过看财务报表也可以理解一家美国企业的业绩。会计所说的利润额数字，在中国和美国是差不多的。

要了解会计报表，就要从企业的诞生说起。从图 10-1 可知，一个企业要想成立，要么是有“投资者投入”资金，要么是有“债权人借入”资金。投入的资金和借入的资金形成这家企业的“资产”。

企业其实有两种赚钱方式：一是购买存货，建设厂房，设计专利，然后自主经营；二是把资金投到别的企业里或者去购买股票，不自主经营。这两种赚钱方式决定了企业资产可以分成两大类：一类是经营性资产，一类是投资性资产。

例如现在要成立一家企业，投入了 100 万元，那么所有者权益为 100 万

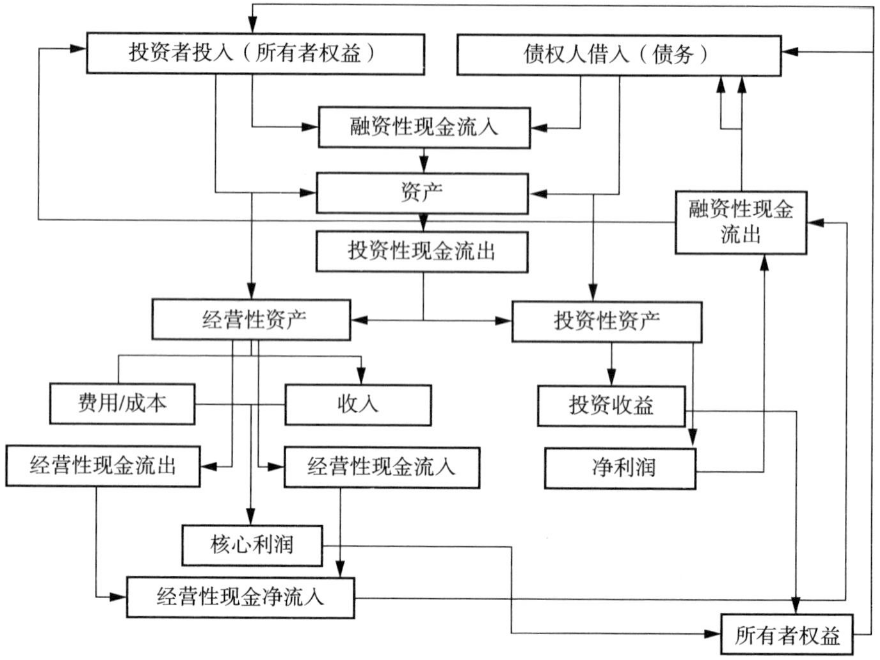

图 10-1　企业赚钱方式

元，同时为了扩张整个资产，用 100 万元的股权拿到银行去质押，可以从银行借出 30 万元，这其实就是债务。所以，所有者权益和负债就构成了一家企业的资产。资产其实就是这家企业可以利用的资源。

当这家企业有了资产之后有两个选择：第一，可以把资产划出一部分进行自主经营，成为经营性资产。第二，将资产全部用于投资。例如，将这 130 万元分成 10 份，每份 13 万元，用来投资初创企业。假使有一个初创企业成功，也是可以赚钱的。资产因此变成一种投资性的资产。

当一家企业有"经营性资产"的时候就要发展业务，进而产生一定的收入，当然也会有相应的"费用和成本"。收入和费用成本之间的差额，就是经营活动所带来的利润，被称为"核心利润"，而"投资性资产"带来的是"投资收益"。

一家企业因为经营所带来的核心利润和因为投资所带来的投资收益，加起来就是这家企业的"营业利润"。有了利润之后，就需要分红或者偿还债务。

图 10-2 把一家企业最主要的商业模式和业务模式跟会计结合起来了。概括起来就是一个中心、两个基本点。

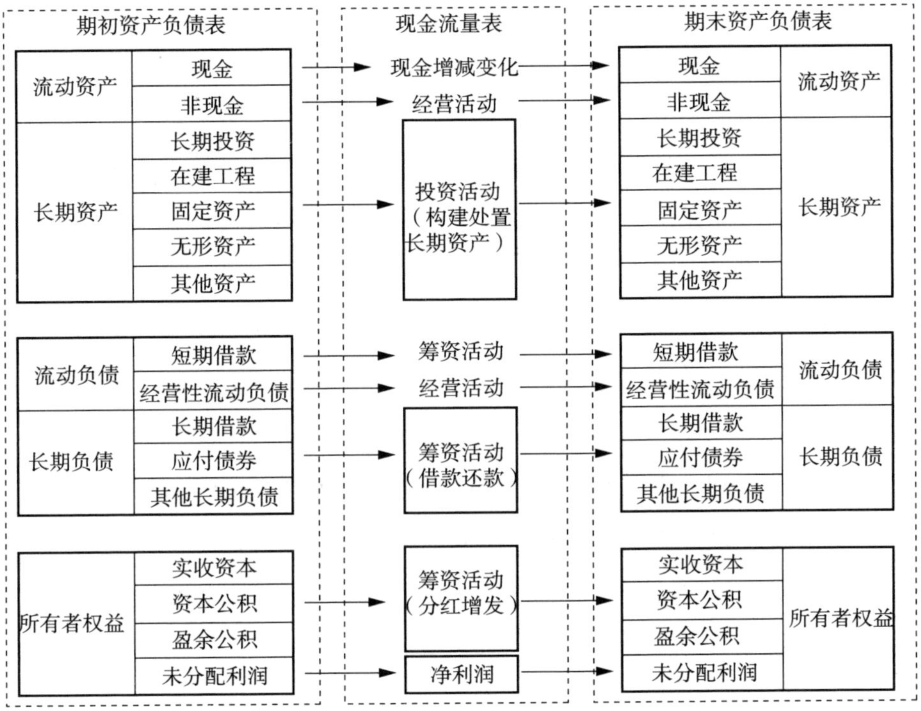

图 10-2　企业主要的商业模式和业务模式

一个中心：资产负债表。两个基本点：利润表反映资产负债表中未分配利润的增减变化（净利润本年累计数=资产负债表中未分配利润期末数-期初数）；现金流量表反映资产负债表中货币资金的增减变化（现金及现金等价物的净增加额=现金的期末余额-现金的期初余额）。

从会计报表的角度来讲，资产负债表所表现的就是“对称”之美，利润表所表现的是“高度”之美，而现金流量表所表现的是“健康”之美。资产负债表说明人生需要努力去创造一个好的“底子”，利润表说明人生需要有一个好的“面子”，现金流量表说明人生需要会过“日子”。

三张报表的项目都是活的，随着企业的发展而变化。资产负债表是财务报告中唯一的主表，为什么这么说呢？因为要是没有利润表，通过对净资产的期末数与期初数进行比较，照样可以计算出当年的利润数额；要是没有现金流量表，通过对货币资金期初期末余额增减的比较，也可以计算出当年的现金及现金等价物净增加额。多了这两张表，只是多了明细的反映。

形成这样的报表关系，与会计报表的发展历史有关。1531 年，德国纽纶堡商人约翰·戈特里布的《简明德国簿记》一书问世，书中公布了世界上最早的一张资产负债表格式。16 世纪初的德国纽伦堡，经济异常繁荣，几乎同所有的欧洲国家都保持商业往来，并把大量的金银器、铜器、宝石制品、木器远销欧洲各国。特别是纽伦堡与威尼斯等意大利北方城市经济往来频繁，意大利的复式记账法对在纽伦堡土生土长的戈特里布产生了深刻的影响，而此时在意大利复式记账法中已经产生了资产负债表的雏形——借贷平衡试算表。

16 世纪意大利的企业在报告应税财产时已开始编制资产负债表。

17 世纪初，继意大利帕乔利以后的又一会计大师，荷兰会计学家蒙斯蒂文出版了《数学惯例法》一书，提出了资本状况表，进一步为现代资产负债表勾勒了轮廓。

1844—1862 年英国颁行《公司法》，明确制定了资产负债表的标准格式。

利润表又称损益表或收益表，最早可追溯到 17 世纪的损益证明书，其前身是 18 世纪至 20 世纪初的《损益原始本纪计算书》。19 世纪中叶至 20 世纪中叶，西方发达国家的财务报告已经初步定型为由资产负债表和损益表组成的两表体系。

19 世纪中叶以后，股份有限公司已经成为英国一种很普遍的企业组织形式，由于所有权、经营权两权分离，出现了职业经理阶层，企业所有者退出企业经营，股东迫切需要了解企业经营的好坏，尤其是盈利能力及盈利分配情况。同时，生产经营的复杂程度加剧，单凭期初与期末净资产的对比计算盈利已不合时宜。于是，反映企业一段时间经营成果的损益表应运而生，此外，所得税法的引进与发展使人们开始密切关注有关收入和费用的核算报告。

20世纪20年代，在英国和美国日益增加的企业已经开始提供收益表。1929年，英国《公司法》正式要求企业编制收益表，收益表成为企业第二个正式对外公布的财务报表。

随着企业筹资手段日益多样化，企业的投资理财活动也影响其财务状况，资产负债表和收益表所提供的信息逐渐难以满足企业外部信息使用者了解企业财务状况变动的需要了，因此资金表（财务状况变动表）作为财务报告的第三张报表应运而生，它最早出现于美国。

从三张报表诞生的先后顺序能够清楚地知道，其中最重要的是资产负债表，这反映了企业的全部家底有多厚，拥有多少资源。其次是利润表，反映了企业的获利能力，能够在一定时间内赚取多少利润，而现金流量表反映了企业的日子过得如何，现金流越充足企业的日子过得越好，如果现金流枯竭，企业将面临破产。

二、投资者分析财务报表的目的

不同的人站在不同的角度分析财务报表，会有不同的目的。比如企业所有者分析财务报表，会考虑提高资产的利用效率，在安全运行的前提下，使企业收益最大化；税务部门分析财务报表，是与税收相关，检查是否有偷漏税情况；债权人分析财务报表进而决定是否给企业贷款，分析贷款的报酬和风险，通过财务报表可以了解债务人的短期偿债能力，分析其资金流动状况以及盈利状况等；企业经理人分析财务报表是为了进行财务决策。投资者分析企业的财务报表，一般有以下几个目的：第一，确定企业的盈利模式是否具有连续性，企业与同行业企业相比是否具有一定的竞争优势，企业的经营成果会反映在报表上。第二，关注企业的股利分配政策，投资一家企业获利一般有两个途径，一个是企业股价的波动，另一个是分红，分红政策对于投资也有重大影响。第三，避免风险，作为二级市场的投资者习惯于把风险放在第一位，损失本金需要更长的时间恢复元气，一旦发现企业的财务状况有恶化的倾向，要第一时间卖出企业股票，避免陷入更大的麻烦。

三、分析财务报表的方法

作为外部投资者，拿到企业的财务报表时，首先要与企业前几年的报表进行对比，至少要与上一年的报表进行对比，看哪些指标发生了重大变化，这些重大变化一般会在企业的公告中提及，并且会有相应的说明。

我们关心的第一个数据是收入情况，一方面要看收入的绝对值，另一方面要看收入的变化情况，这里的变化包括收入增减情况和收入构成变化，收入是利润的先行条件，如果收入没有持续增长，那么利润的增长是不可能的。特别是那些处于成长期的企业，利润还没有显现，对其成长性的判断完全取决于收入的变化。

一般企业收入的快速增长有四个来源：①销售更多产品。②提高单品价格。③销售新的产品。④并购。收入的增长水平是衡量一个企业费用变化的标尺，收入增加必然会导致成本费用的增长，也有可能出现短期内成本费用增长明显高于收入增长的情形，但这种情形必须要有明确合理的说明，比如采购了设备，或者增加了销售人员，这些设备和销售人员短期内可能不会贡献收入，但必然会在未来带来收入的增长，这样的成本费用增长对未来销售收入的增长是有利的。

处于成熟期的企业，利润的增长速度往往快于销售收入的增长速度，这是因为企业已经没有太多的投入，成本费用的投入期已经过去了，销售收入转化为利润的比例大幅度提高，企业成了自由现金流的“奶牛”。

对于企业财务报表的分析，与企业所处的行业以及企业的生命周期有着密切关系，不同行业的报表具有不同的特征，不同生命周期企业的报表也有不同的表现形式。以通策医疗为例，见表 10-1、表 10-2、表 10-3。

表 10-1 通策医疗财务报表对比（1）

	2018 年 12 月 31 日	2017 年 12 月 31 日	2016 年 12 月 31 日	2015 年 12 月 31 日	2014 年 12 月 31 日	2013 年 12 月 31 日
营业总收入（亿元）	15.5	11.8	8.79	7.63	5.84	4.63
营定总收入同比增长（%）	31.05	34.25	15.13	30.59	26.08	22.19
毛利润（亿元）	6.65	4.83	3.59	3.10	2.28	2.07
归属净利润（亿元）	3.32	2.17	1.36	1.24	1.10	1.00
归属净利润同比增长（%）	53.34	59.05	9.44	74.79	9.66	10.30
扣非净利润（亿元）	3.27	2.13	1.33	1.26	0.99	0.92
扣非净利润同比增长（%）	53.56	60.54	7.80	27.65	6.58	6.07

2018 年通策医疗全年总收入为 15.5 亿元，增长了 31.05%，而归属净利润为 3.32 亿元，增长了 53.34%，显然归属净利润的增速要明显高于收入的增速，这是第一点需要注意的地方。

表 10-2 通策医疗财务报表对比（2）

	2018 年 12 月 31 日	2017 年 12 月 31 日	2016 年 12 月 31 日	2015 年 12 月 31 日	2014 年 12 月 31 日	2013 年 12 月 31 日
毛利率（%）	43.29	41.36	41.41	39.80	39.31	45.04
净利率（%）	23.23	19.22	15.12	25.40	19.50	22.12
实际税率（%）	18.21	19.52	20.73	19.21	23.02	26.19

从表 10-2 可以看出，2018 年通策医疗的毛利率比 2017 年提高了近 2 个百分点，由 41.36%提高到了 43.29%，显然这是一个好的信号，说明企业的成本在降低或产品（服务）售价在提高。不管是成本降低，还是售价提高，都是好的迹象。

在其年报里发现了这样的表述：规模效应初显，二次议价毛利升。企业对供应链进行整合，二次议价使耗材整体采购成本下降 5%，新建医院设备成本下降 3%，这种毛利率的提升是由成本的降低带来的，那么随着规模的扩大，这样的状况还将持续。

增长速度是令人欣喜的，但是，这些销售收入都是真实的吗？是不是记录了太多的应收账款而导致企业只是纸面富贵，那就要看销售现金流与销售收入的比例，这个比例越高越好，越高说明销售收入收回的现金越多。从盈利质量指标看，2018年通策医疗全年销售现金流与营业收入的比例为1，也就是说企业几乎没有应收账款，所有的销售收入都是以现金的形式收回来的，并且从2011年开始至今，企业的销售现金流与营业收入的比例都在1左右，这意味着不会有坏账的风险。

表10–3 通策医疗财务报表对比（3）

	2018年12月31日	2017年12月31日	2016年12月31日	2015年12月31日	2014年12月31日	2013年12月31日	2012年12月31日	2011年12月31日
预收款/营业收入	0.01	0.01	0.00	0.00	0.02	0.02	0.00	0.00
销售现金流/营业收入	1.00	0.99	0.99	0.98	0.99	1.01	1.02	1.03
经营现金流/营业收入	0.30	0.29	0.18	0.24	0.22	0.29	0.30	0.27

从数据来看，2018年通策医疗的经营成果还是喜人的，唯一需要注意的是，净利润的超高增速能否持续，毕竟想长期保持是非常困难的。

四、哪些财务指标能够体现企业的竞争优势

分析财务报表，希望能够确认企业的竞争优势，既然从理论上分析企业应该有一定的竞争优势，那么这种竞争优势也必须能落实到财务上，如果只有理论上的优势，意义不大，优势必须要转化为利润。

以下是几个值得关注的指标。

（一）预收账款（Deposit Received）

预收账款是企业向购货方预收的购货订金或部分货款。企业预收的货款等实际出售商品、产品或者提供劳务时再行冲减。预收账款是以买卖双方协议或合同为依据，由购货方预先支付一部分（或全部）货款给供应方而发生的一项负债，这项负债要用以后的商品或劳务来偿付。

预收账款一般包括预收的货款、预收购货订金等。企业在收到这笔钱时，

商品或劳务的销售合同尚未履行，不能作为收入入账，只能确认为一项负债，即贷记“预收账款”账户。企业按合同规定提供商品或劳务后，再根据合同的履行情况逐期将未实现收入转成已实现收入，即借记“预收账款”账户，贷记有关收入账户。

如果企业的账面上有大量的预收账款，一般来说其具有较强的竞争优势。如果一个企业能够占用下游资金，也就是先收款后发货，说明其对产业链有极强的控制力，或者说其在产业链当中占有主导地位，产品或者服务的竞争力强，下游企业争相求购，产品或者服务供不应求下游企业才愿意先款后货。也有一些企业的商业模式决定了它一直会有预收账款，这时就要分析预收账款的数量变化情况，如果预收账款越来越多，那当然是好现象，相反，如果预收账款越来越少，那就要开始警惕了，对于本身不应该有预收账款的企业，如果开始产生预收账款，说明企业竞争力有了本质的提升，是即将快速发展的信号。

（二）毛利率（Gross Profit Margin）

毛利率是毛利与销售收入（或营业收入）的百分比，其中毛利是收入和与收入相对应的营业成本之间的差额，用公式表示：毛利率=毛利/营业收入×100%=（主营业务收入-主营业务成本）/主营业务收入×100%。

从构成上看，毛利是收入与营业成本的差额，但实际上这种理解将毛利率的概念本末倒置了。其实，毛利率反映的是商品经过生产转换内部系统以后增值的那一部分。也就是说，增值的越多毛利就越多。比如，产品通过差异性设计比竞争对手增加了一些功能，而边际价格的增加也为正值，这时毛利也会增加。

同行业中，毛利率越高，企业的定价能力越强，竞争优势越明显。比如同样是销售白酒，茅台能够卖出 1000 元一瓶，五粮液能够卖出 600 元一瓶，而二锅头却只能卖到 100 元一瓶，这些白酒的成本差异并不大，但售价却千差万别，其实就是定价权不同。在成本相差不多的情况下，价格越高毛利率越高。

（三）总资产周转率

总资产周转率是衡量一个企业的重要参考指标，主要适用于以高周转率来贡献净资产收益率（ROE）的行业。

总资产周转率是企业一定时期（一般为一年）的销售收入净额与平均资产总额之比，它是衡量资产投资规模与销售水平之间配比情况的指标。对于薄利多销型的企业，总资产周转率越高，企业的销售额越大，同样的资产发挥的效率就越高。总资产周转率提高说明企业的运营效率提高，对于同行业的企业，我们更多的是比较存货周转天数，存货周转天数越短，企业的运营效率越高。

五、优秀企业财务报表的特征

在分析了企业竞争优势指标后，我们大致能够勾勒出一个优秀企业的轮廓，优秀企业一般具有以下特征：

（一）充沛的现金流

特别是在宏观经济总体不太景气的情况下，企业的外部融资难度增加，只有那些现金流充沛的企业，才能在残酷的竞争中生存下来。

（二）主营业务突出

这里是指企业的主营业务一定要突出，占企业总收入的绝对比例要高。对于强健的企业，不要盲目多元化，从历史经验来看，盲目多元化很难取得成功，企业还是应该专注于主业，只有在自己的领域做强做精，具有足够的竞争力，才能有良好的利润表现。

（三）适当的负债率

一般来说企业都会有一定的负债，完全没有负债的企业说明管理者非常保守，虽然靠自己的资金发展安全系数高，但发展速度必然会受到影响。如果负债率过高，可能发展速度会加快，但如果经济出现波动，企业的风险就会加大。不同行业对负债率的评价是不同的，有些行业认为负债率50%已经很高了，但有些行业的负债率可以达到90%，所以要结合行业的具体情况来分析，一般认为企业的负债率处于行业的中位数以下才是安全的。

（四）毛利率稳定或者稳中有升

一个企业的核心竞争力主要表现在毛利率上，如果毛利率连年下降，说明企业的成本转嫁能力很差，面对高涨的成本不能向下游转嫁，只能自己默默承受，或者在竞争中被迫降价，这样的企业很难获得更好的发展。优质企业有比较好的定价权，有成本转移能力，或者二者有一，才能够保持毛利率的基本稳定。

（五）有预收账款

预收账款表示企业对下游有较强的控制力，能够做到先收款后发货，这是令人神往的。当然有一些行业本身由于商业模式的原因，会产生预收账款，这时就要比较预收账款的数额变化。

掌握一些优秀企业的财务状况，在分析同行业企业的时候，就和这些优秀企业进行对比，凡是不符合这些优秀企业财务模式的，都需要警惕。要清楚知道企业发展也是有模式的，同一个行业内的企业不外乎几种模式，一种模式也就一两个值得关注的企业，不符合相应特点的最好直接去掉，尽管这样可能会错过一些优秀的企业，但至少不会损失本金。

六、哪些指标容易被上市企业调节

二级市场的投资者要知道报表中哪些指标容易被调节。

（一）主营业务收入虚弱，大量依靠营业外收入填补

营业外收入是指与企业生产经营活动没有直接关系的各种收入，具有偶然性，不具备可持续性。营业外收入主要包括：非流动资产处置利得、政府补助、盘盈利得、捐赠利得、非货币性资产交换利得、债务重组利得等。要特别关注政府补贴、供应商的债务豁免协议、非流动资产处置，这些非主营业务收入不能长期持续，因此是没有意义的。

（二）提前确认收入，增加营业收入

根据《企业会计准则》第 14 号规定，企业销售商品时，如果同时符合以下几个条件，可以确认收入：

第一，企业已将商品所有权上的主要风险和报酬转移给购货方；第二，企业既没有保留通常与所有权相联系的继续管理权，也没有对已售出的商品实施有效控制；第三，收入金额能够可靠计量；第四，相关的经济利益很可能流入企业；第五，相关的已发生或即将发生的成本能够可靠计量。

不能提前确认收入的情况：出于促销目的，承诺客户对于产品不满意可以在一定时间内退款而形成的销售额，不能在承诺退款期限之前确认收入；所销售商品或者提供的服务未完成之时不能确认收入；等等。

（三）直接虚构项目增加收入

以 2017 年 12 月中国证监会公开查处的雅百特财务造假案为例，该企业于 2015—2016 年通过虚构巴基斯坦旁遮普省木尔坦公交工程项目、虚构国际贸易和国内贸易等手段，累计虚增营业收入 5. 8 亿元，虚增利润约 2. 6 亿元 。其中 2015 年虚增利润占当期披露利润总额的 73%，2016 年前三季度虚增利润占当期披露利润总额的约 20%。上述虚假财务数据通过雅百特 2015 年年报、2016 年半年报及三季度报公布，已构成信息披露违法。雅百特因以虚构海外工程项目和国内外建材贸易的方式虚增业务收入，粉饰财务报表，被中国证监会顶格处罚。

如果一个企业有大量收入来自海外，必须要特别小心。警惕以下几种情况。

第一，伪造合同，虚开增值税发票，虚增销售收入。上市企业为避免在当年财务报告中反映亏损状况，保住上市资格，会伪造多份销售合同，虚开增值税发票，甚至将已销售给某企业的同一批产品再虚拟销售给其他企业。

第二，虚增资产，主要表现形式就是不予注销一些已经没有利用价值的项目。

第三，与在法律上无关联但实际有关联的企业大量交易，虚增销售收入。上市企业将法律上无关联关系但实际受集团控制的几家企业列为购货方，在

利润不足时将大量产品“销售”给这些企业，实际只是向这些企业开出发票和提货单便完成了大额销售。

第四，变相调整应收账款账龄，少提坏账准备。为了避免计提大额坏账准备影响当期利润，有些上市企业与购货方联合舞弊，通过借款、转款等方式虚列当期应收账款，减少长账龄应收账款。

第五，随意调整会计政策，实行利润操作。按照相关要求，企业一经选择会计政策后，应在各期保持一致，不能随意变更。但有的上市企业从其他企业购入已使用多年的机器设备，以净值入账后没有按照机器设备尚可使用的年限对其计提累计折旧，而是按照该部分资产的使用年限重新计提折旧。这样就延长了固定资产的使用年限，降低了折旧率，相应减少了当期的成本费用，从而增加了当期利润。

第六，利用计提资产减值准备操作利润。上市企业通过职业判断来确定各项资产可能发生的损失，如果上市企业不恰当地运用谨慎性原则，就会增加人为操作利润的机会。

第七，少计摊销费用，调节费用。利用过渡性科目，调节利润，调整跨期费用，将一些已实际发生的费用作为长期待摊费用、待处理财产损益、其他应收款等项目入账，不按照相关准则要求计入当期损益。

除了报表项目纵向、横向比较外，投资者也应该关注报表科目以外的信息。如果上市企业存在多次主动变更审计机构、海外业务比重比较大、董监高频离职或变动、多次变更业绩预告、频繁并购以及被监管层发放问询函等，其存在财务造假的可能性较大，投资者一定要谨慎。

七、企业的财务政策要与经济周期相吻合

经济周期也称商业周期、景气循环，一般是指经济活动沿着经济发展总体趋势所经历的有规律的扩张和收缩，是国民总产出、总收入和总就业的波动，是国民收入或总体经济活动扩张与紧缩的周期性波动变化。经济周期具有如下特点：

经济周期不可避免。经济周期是经济活动总体性、全局性的波动。一个周期由衰退、萧条、复苏、过热（繁荣）四个阶段组成。周期的长短由周期的具体性质决定。

经济的周期性波动要求企业顺应经济周期的过程和阶段，通过制定和选择富有弹性的财务战略来抵御大起大落的经济震荡，以减少其对财务活动的影响，特别是减少经济周期中上升和下降抑制财务活动的负效应。财务战略的选择和实施要与经济运行周期相配合，具体而言：

在经济复苏阶段前应采取扩张型财务战略。增加融资力度，扩建厂房设备，比如融资租赁、建立存货、开发新产品、增加劳动力等。

在经济繁荣阶段应将快速扩张型财务战略和稳健型财务战略结合。繁荣初期继续扩充厂房设备，采用融资租赁，继续建立存货，提高产品价格，开展营销筹划，增加劳动力。繁荣后期采取稳健型财务战略。

在经济衰退阶段前应采取防御收缩型财务战略。停止扩张，出售多余的厂房设备，停产不利产品，停止长期采购，削减存货，减少雇员。

在经济萧条来临前，建立投资标准，保持市场份额，压缩管理费用，放弃次要的财务利益，削减存货，减少临时性雇员，压缩一切不必要的开支。

总之，企业财务管理人员要根据时局的变化，对经济的发展阶段做出恰当的反应。要关注经济形势，深刻领会国家的经济政策，特别是产业政策、投资政策等对企业财务活动可能造成的影响。

如果企业采取的财务政策与经济周期的发展阶段不匹配，特别是当政策有变化的时候，如果采取了错误的财务政策，会使企业面临巨大的风险，甚至有可能直接导致大股东换人。

根据美国银行一项关于企业财务管理的调查发现：82%的企业倒闭都归因于企业经营资金管理不当，可见资金在企业发展当中的重要性，那么控制好企业的财务政策，结合当前宏观经济的周期特性来调整财务政策，就显得很有必要了，特别是相对来说融资难度更大、成本更高的民营企业，宁可步子小一点，发展速度慢一点，也不能因为大量举债而导致流动资金紧张。大约 80%的破产企业从会计账面上看是盈利的，它们倒闭的原因不是账面亏损，而是现金不足。

八、财务数据的几种实用分析方法

财务分析是整个投资过程中非常重要的一环，财务分析能够帮助我们分辨哪个企业优秀、哪个企业开始变坏了，以免掉进投资陷阱里，从而排除那些不够优秀的企业。因此，分辨财务数据就显得非常重要了。一般来说，分析财务数据的合理性可以用以下三个方法进行相互印证。

（一）历史数据分析

当拿到企业的财务数据时，要与其历史数据进行对比，看看数据的变化趋势，各个数据的变化与企业的经营是否正向相关。比如企业的销售收入增加了，那么现金流增加了没有，这就是最典型的相关关系，历史上的收入增长率如何，今年的增长率如何，历史上收入数据与现金流的比例如何，今年这个比例是否发生变化了，数据越来越差的情况一定要避免，这是企业变坏的信号。

（二）与同行业企业横向对比

任何企业都会有同行业的企业，那么把同行业里的企业数据拿出来对比一下，看看企业的数据与对比企业哪里不同。比如为什么企业的毛利率明显高过行业平均水平，这种高有没有什么能说通的理由，如果没有那么这种高毛利率能够维持多久，同时如果行业里的其他企业都不赚钱，只有一个企业赚钱，那么这个企业赚钱的秘诀是什么，既然与众不同，那么一定要有理由，如果没有理由就是不可持续的，或者这个数据是有问题的。

（三）与商业常识进行对照

财务数据必须要符合商业常识。比如销售收入要增加，就一定要卖出更多的产品，或者提高价格，并且提价的幅度与收入增长的幅度应该是相符的；比如销售收入要增加，销售成本也会增加；比如扇贝不会经常性游走，这些其实都是常识，是一般人具有的基本认识，如果某些企业的财务数据明显偏离了基本常识，那么就不要挑战常识，要清楚地认识到事出反常必有妖。

分析企业的财务数据，一般就是横向比较、纵向比较和与常识相对照，只有这三个方面都能够解释通，有其合理性，才能证明数据是真实的。如果企业的数据有瑕疵，那么最好远离，宁可不赚钱，也不要亏钱。

九、财务分析入门路径

当我们拿到一个企业的资料时，应该如何做选择呢？我们显然不可能直接就去企业现场调研，更不可能经常性地到市场上进行草根调研，更多的还是先看财务报表、年报等资料，通过这些资料来大致确定一个方向，然后再去进行详细的考察，进而确定投资目标。

当拿到一个企业的报表，第一步是要看这个企业的主营项目是什么，简单的理解就是这个企业是靠什么赚钱的，它的收入来自哪里，从大项上来说，一个企业要生存，要么是卖货，要么是提供某些服务。第二步是从这个企业所在行业入手，去了解企业在行业内的地位，这非常重要。竞争优势就是指一个企业在产业链内的地位，只有在整个产业链当中占据主导地位，才会充分体现企业的行业地位。企业在行业内的地位往往能够从财务数据上反映一二，比如优秀的企业一定会有行业领先的毛利率水平，如果企业的毛利率是行业内中下等的，那么其在行业内就没有什么优势可言的。除了毛利率，还要看企业的应收账款和合同负债，显然这也是能够彰显企业行业地位的一个非常重要的数据，如果企业的应收账款很多，那么其销售是非常吃力的，卖出了货物却不能立刻收回款项，而被下游企业拖欠很长的时间才能收回现金，现金是有时间价值的，拖欠的时间越久，企业越被动，甚至可能完全不赚钱。合同负债其实是企业使用的下游企业的资金，这是企业优势的一种体现。尽量不要让其他企业占用本企业的资金，但本企业要尽可能占用其他企业的资金，这是企业优秀的体现。

企业的最终目标是赚钱，前面我们分析了企业的毛利率、应收账款和合同负债，但最重要的是企业的现金流，只有现金流充沛的企业才是最优质的，再好的财务数据，没有现金流都是浮云。没有现金流的企业最终是要融资的，要是不能顺利融资，就可能面临现金枯竭的窘境，所以现金流是必须要审视的数据，是一个优秀企业最重要的体现。

财务数据是一个企业经营情况的体现，企业可以美化财务数据，却不能彻底修改财务数据，特别是现金流和毛利率，这样的数据想要改变太难了。会看财务报表，能够从财务数据当中了解企业的状况，是每个投资者的必修课，否则就很难选到优质的企业。

十、财务分析的前提条件

上市企业的财务报表一直都是我们重点关注的对象，都会去认真阅读，并且希望能够从中找到有关企业经营好坏的一些迹象。但是对于那些没有财务基础的投资者来说，怎么才能看懂财务报表呢？

看财务报表的基础是要先看懂企业的经营模式，有什么样的经营模式就有什么样的报表特征，报表是企业经营成果的体现，报表是结果，而不是原因，企业的经营模式才是核心，策略的变化会引起报表结构的变化，要按照这个思路来分析，但如果想要发现企业变坏的迹象，就要从常识入手，只要不符合常识的报表数据就一定会有问题。

比如一个企业明明账上有 10 亿元现金，却还要再融资 10 亿元，那就要问问这个融资是用来做什么，有没有适当的投资目标，如果没有那么为什么还要融资，如果投资规模不大，为何不用账上已有的资金，只有能解释清楚并且合乎情理，才可以放心。曾经就有这样的事件发生，明明企业有银行存款 10 亿元，但是一年下来利息只有几万元，那就要问问为何企业的存款利率如此之低，还是本身这 10 亿元的存款就是虚的，或者根本就没有。

常识就是如果自己账上有钱，那么小的投资是不需要再去融资的，如果融资就一定会有好的投向，否则就与常识相悖，同样地，存款要有利息，并且这种利息收入要合理，有收入要交税，并且税收的增长比例应该与收入的增长比例同步，企业收入增长，意味着工资支出会增加，销售费用也会跟着增加。这些都是常识，不需要太高的会计水平，只要看看各个指标之间是不是协调发展，就很容易看出企业是否有问题。

如果企业财务报表里体现销售收入一直增加，但是工人数量在减少，工资支出在减少，那就要问问是不是有什么新方法、新工艺能够大量节约人工费用，否则为什么收入增长而相应的费用却减少了，这与常识不符，如果没有合理解释，那么就一定有问题，只要解释不通，直接卖出股票就可以了。

第十一章

如何避免买到劣质企业

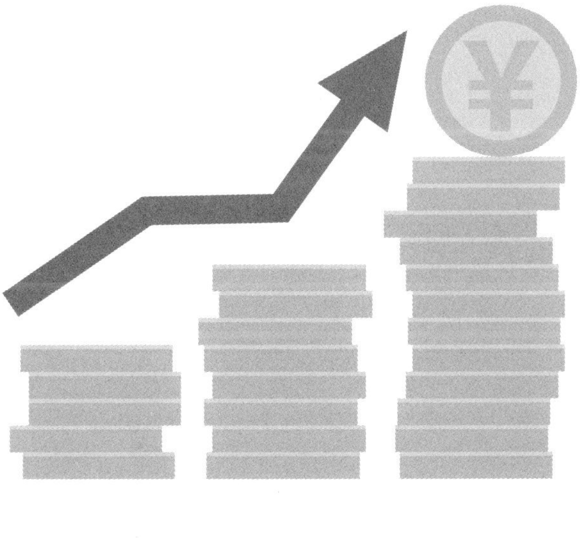

投资的目标是在股票市场中获得收益，那么在操作过程中是哪个阶段决定了收益的正负呢？要搞清楚哪个阶段最重要，然后把那个阶段做好，买入时机决定了成败。

只有优质的企业、良好的价格，才能保证赚钱，这两个方面缺一不可。

只有投资优秀企业，才能保证在持有过程中不担心，如果投资的是一家随着时间推移质地变坏的企业，那么持有的时间越久风险越大。企业优秀是投资的基础，没有这个基础，投资将一直处于风险当中。及时发现企业变坏的征兆，能够有效避免买到劣质企业。

一、企业变坏的征兆

如果已经持有企业的股票一段时间，那就说明在这个过程中企业还是比较优秀的，但随着时间的推移，企业可能开始变坏，这种变坏总会有一些迹象，一般来说，我们从以下几个方面来判断。

（一）毛利率下降

毛利率下降的根本原因就是成本上升，在企业经营过程中成本价远低于销售价，所产生的毛利率就会比较高。如果成本价上升、销售价不变，不但会降低利润空间还会降低毛利率。所以在日常经营过程中一旦发生成本价上浮的情况，销售价也应相应提升，以保证毛利率的稳定性，但有时候成本价虽然有一定上浮，销售价却不变，这种情况多考虑是市场竞争加剧，不得不压缩毛利率。由于有外部竞争者进入了企业所在的行业，并且进行低价格竞争，企业不得不跟随性降价，导致总体利润受到影响。

（二）存货增加

存货增加一般有两种可能，一是企业规模扩大，对存货的需求量增加；二是企业销量不好，存货积压。如果是第一种情况造成的存货增加，本质上并不可怕，甚至企业的销售情况在随后的一段时间还会更好，但如果是第二种情况造成的存货增加，就需要保持警惕了，特别是对于一些价格有周期性下跌风险的产品，这种存货增加一般来说都是风险。比如手机，可能每过三五个月就会有一次价格下调，那么大量存货会导致产品贬值，企业总体价值受损。当然并不是所有的存货增加都是风险，有一些企业的存货会随着时间而增值，这样的存货当然越多越好。

（三）销售收入增加而经营性现金流大幅减少

企业销售收入增加当然是好事，但如果销售收入只是纸面上的增加，而经营性现金流没有增加，也就是说只是形式上产生了销售，但没有收回来现金，大部分都转化成了应收账款，那对于企业来说现金流的压力就会非常大。一直销售产品而无法收回现金，库存现金总会有耗尽的时候，这样的状况是不可能长时间延续的。企业销售产品而无法收回现金，一般来说是由于市场竞争激烈，企业不得不给予买家更长的账期，否则就可能无法成交，这也说明了市场上的卖方相对较多，竞争激烈，而企业没有特别的竞争优势，只得延长付款时间或者降低产品价格来获取客户，这是生存环境恶化的体现。

二、企业变坏的几种途径

企业在漫长的生产经营过程中，总会遇到各种恶劣情况，投资者必须要对此有所了解，一旦企业变坏，我们要能拿出相应的应对方案，不同原因的变坏处理方式有所不同，要通过具体分析来判断企业的变坏途径到底是什么。

（一）行业的发展环境发生了转变

这种变坏途径是客观的，换句话说，企业本身在行业内依然保持着比较好的竞争态势，就像所有企业都在同列“火车上”，我们投资的企业依然处于领先地位，但是整列“火车”减速了，企业的发展速度全部放缓，而我们投资的企业的放缓速度相对慢于整体行业放缓的速度，这时其实没有必要太过担心，对于优质企业，当行业遇到特殊情况时，也许是其更好的发展机会。随着成本增加，或者销售难度增加，一些竞争能力较差的小企业将被迫退出市场，规模较大、成本较低、具有优势的企业将获得更大的市场份额，那么等行业环境好转之后，优质企业会迎来又一轮快速增长。比如 2008 年牛奶行业出现了全行业性的三聚氰胺事件，除三元没有卷入之外，几乎所有的知名企业都深陷其中，伊利的股价更是连续多天跌停，然而十几年过去了，现在回头一看，显然那是一个好机会，其股价从 2008 年的最低点到现在，已经上涨了20 多倍。

（二）管理层犯了战略性错误或进取精神不足

这种变坏途径是企业管理层自身原因造成的。比如 2018 年全聚德的年报显示：2018 年企业实现营业总收入 17.77 亿元，较上年下降 4.48%；净利润 7304 万元，较上年下降 46.29%。剔除非经常性损益的净利润为 5716 万元，较上年下降 52.14%。企业的解释为受餐饮行业竞争加剧影响，企业年度接待人次同比减少，导致企业 2018 年度营业收入和利润水平同比出现下滑。然而事实并不完全是这样的，国家统计局数据显示，2018 年全国餐饮行业收入 4.3 万亿元，比 2017 年增长 9.5%。此外，有数据显示，至 2018 年，国内一共售出 1.21 亿只烤鸭，烤鸭门店数量增至 11.7 万家，市场规模达 190 亿元。也就是说在整个烤鸭行业向前发展时，全聚德却在倒退。这显然不是行业性原因造成的，而是企业自身存在问题。优秀企业一定是行业内的领导者，发展速度也应该在行业内排前几名。对全聚德的业绩倒退应该提高警惕，如果确定是企业管理层主观原因造成的企业变差，那么应该立刻卖出，不要有片刻犹豫。

第十二章

投资的全过程回顾

投资是一个发现、分析、判断、买入、持有和卖出的过程，这个过程当中的每个环节都不能少，只有完成这六个步骤，投资的全过程才算是完成了，最终成果也会反映出来。

一、发现

根据历史经验，应从身边入手、从生活常识入手来发现优质企业。许多市场参与者都特别喜欢题材与概念，倒不是说题材与概念不能参与，但如果打算长期依靠题材与概念来获得投资收益，那是有问题的。题材与概念在市场里更多是资金炒作的目标，很少有长时间的优异表现，这种股价上涨与优秀企业的股价上涨完全是两个概念，有业绩支撑的企业股价上涨（总市值增加）是能够获得长期认可的，并且上涨之后尽管也会有回撤，但最终市值还会有对应于净利润增长幅度的增加，而概念与题材的炒作短时间内依靠资金的作用推升总市值，当炒作资金撤出之后，企业市值几乎是哪里来再回到哪里去，很难长时间维持高位。

最简单的投资是从自己的身边入手，看看家里的冰箱里有什么，厨房里有什么，房间里有什么……去寻找细分行业的龙头企业，并且充分分析一下这些企业的未来，也许投资就能取得不错的收益。投资源于生活，买入股票也源于生活。

二、分析

分析是投资的第二步。并不是我们看见了什么就投资什么。如果真的那么容易，人人都是投资大师了。这里的关键在于对企业的分析。例如，当看到家里药箱的一种药，可以去分析一下，这种药的生产厂家在行业内是什么样的地位，这种药是仿制药，还是原研药，有哪几个竞争对手，企业在行业里处于什么位置，是领导者，还是追随者。对于制药企业来说，想要企业发展有延续性，在研产品会显得非常重要，企业有哪些产品已经进入了临床，哪些将要报批……如果打算投资制药企业，这些都是必须要研究清楚的，任何行业赚钱都是不容易的，行业内只有20%的企业能获得不错的收益，其他大部分企业都是凑合生存，不会有太多利润。想赚钱就要把功课做好，这门功课就是对企业的分析与估值。

企业的核心能力表现在三个方面：一是企业能实现顾客所看重的价值；二是企业有竞争对手难以模仿和替代的地方，故而能取得竞争优势；三是企业能力具有持久性，一方面是维持企业竞争优势的持续性，另一方面是核心能力具有一定的刚性。概括来说，企业的核心能力具有偷不去、买不来、拆不开、带不走、溜不掉的特点。

三、判断

判断一方面是对企业进行定性，也就是从总体上判断企业是否为优秀企业，是否可以进入备选名单，这是大方向的判断；另一方面是对企业进行估值，也就是判断企业现阶段的股票价格是否合理，是否可以进行投资。

分析过程中要注意考虑以下几个问题：

（1）这家企业是最近才上市的吗？

（2）这家企业的生意是否简单易懂？是否有优秀的经营历史？是否有良好的未来发展前景？

（3）这家企业有净利润吗？这家企业产生经营活动现金流量净额吗？

（4）这家企业的净资产收益率是多少？这家企业的销售净利率是多少？

（5）这家企业需要大量的资本支出进行厂房和设备的更新吗？

（6）这家企业的产品或服务可以随着通货膨胀不断提高价格吗？

（7）这家企业的总股本变化情况是怎样的，经常性增发吗？

（8）这家企业内部人士的近期交易情况是如何的，管理层是否经常性减持？

（9）这家企业的市值未来还有多大弹性空间，行业的市场空间有多大？

（10）这家企业买入以后，可以持有三年以上吗？

这些问题都是应该考虑到的，比如刚上市的企业一般情况下是不建议投资的，这是因为企业为了上市都会进行一些准备，那么上市以后的两三年往往股价会有所表现，随后可能就是漫长的回落过程，只有经营平稳且上市五六年以上的企业，才是比较理想的投资目标，当然这也不绝对，还要具体企业具体分析。总之，以上问题都应该在投资考虑范围之内，分析企业是投资的基础，如果有些数据不知道多少是高、多少是低，就与市场当中同行业的白马类个股进行对比，如果这个功课没有做好，那么投资决策可能就会存在问题。

四、买入

买入是决定投资成败的关键。换句话说，投资的收益如何，许多时候是买入时就已经决定了的。买入价格，会成为决定投资效果的关键因素，买入时的估值，与企业的生命周期有关，也与企业的类型有关，处于不同生命周期的企业，买入时考虑的条件是不同的，价值型与成长型的企业，买入的条件也是有区别的。买入的条件如果要总结成一句话，那就是在市场还没有发现企业已经被严重低估的时候买入，这种严重低估有可能是恐慌下跌带来的，也有可能是未来发展向好带来的。

尽管优秀的企业无论什么时候买入都是对的，但对于接触价值投资不久的投资者来说，买入价格过高，就需要经过漫长的等待，这个时间可能不止一两年，如果没有足够的耐心坚持下来，割肉出局就成了必然结果。为了避免这样的结果，也为了获得更高的投资收益，选择一个合适的买入点是相当重要的。

价值型股票的买入时机可以用图 12-1 来概括：

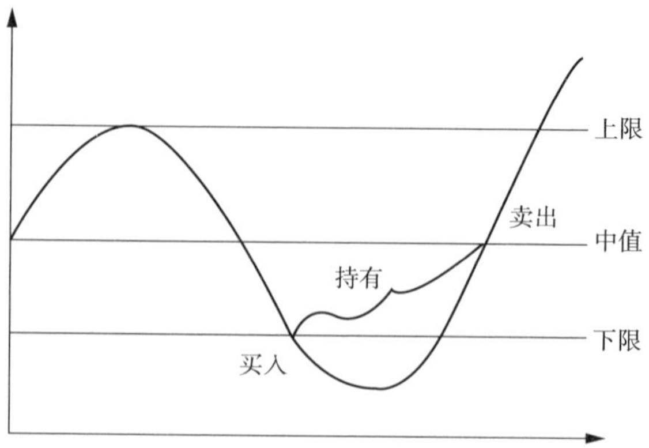

图 12–1　价值型股票的买入时机

成长型股票的买入时机可以用图 12–2 来概括：

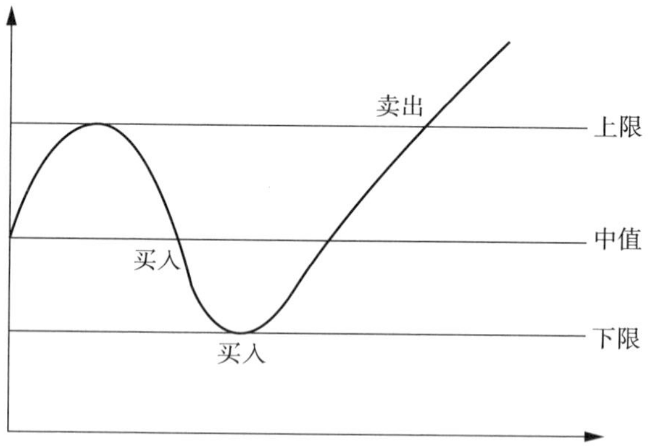

图 12–2　成长型股票的买入时机

任何市场中的参与者，都希望自己能够尽快完成原始积累，实现财务自由，但很可惜这样的机会不是一直都有的。在我们投资生涯当中也确实遇到过三年十倍的涨幅，出现这样的机会是有条件的，一般有以下几点：

第一，企业是一个高速增长的企业，曾经有过每年 30% 以上的增长速度，并能有一定的延续性。第二，企业本身的市值还不大，处于 100 亿元以内。第三，整体市场的估值水平极低，或者说总体市场情绪低落，整个社会对于股市的态度消极。第四，企业所在的行业在股票市场中估值水平处于低位，行业发生某些负面事件，整个行业受到牵连，多数个股的估值处于历史低位。

第五，在持有的过程中，总体市场情绪有过比较高涨的表现，就像 2015 年那样的机会。

一般来说满足这五个条件，才有可能出现三年十倍的机会。举例来看，某企业正常的估值应该为 30 倍，每股盈利 1 元，每年的增长幅度为 40%左右，现在由于宏观经济原因和行业原因，企业被严重低估，市盈率是 15 倍，但增长速度依然是 40%，那么三年后的每股盈利应为 2. 74 元，按照原来的 30 倍估值来计算股价应为 82 元，但由于三年后市场情绪开始好转，市场对于企业未来的判断过于乐观，给出了 60 倍的估值，那么股价就达到了 164 元，当初我们用 15 元买入的股票，三年后就达到了十倍收益。总结这三年十倍收益，我们赚到了市场三部分的钱，第一部分是极度低估的钱，本身估值应该是 30 倍，结果由于情绪影响低估到了 15 倍，我们花了五折的价格买入了优质的企业；第二部分是成长的钱，三年企业利润上涨了接近三倍；第三部分是市场泡沫的钱，这是市场过于乐观送给我们的钱。这三个条件缺少一个，都不可能实现三年十倍的收益。具体见图 12–3。

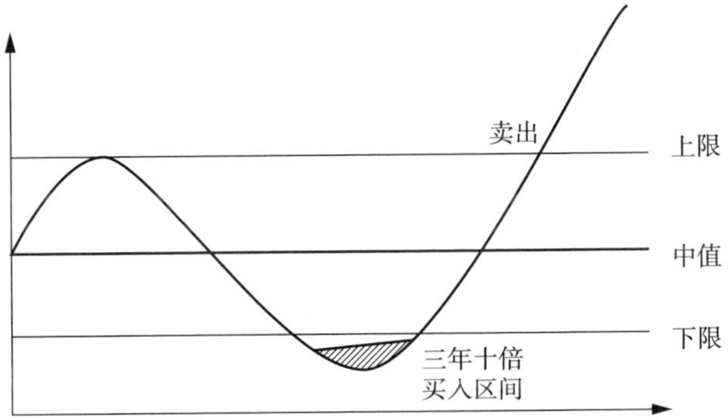

图 12–3　三年十倍的买入机会

五、持有

在买入和卖出之间，就是不断持有股票，整个投资过程中最难的就是持股，买到了后来涨十倍的股票，但卖出之时还是亏损的，就是因为没有持有到应该持有的时间点，什么条件下应该持股呢？

买入之后下跌超30%还要持有吗？这确实是个问题，特别是习惯了短线操作、下跌止损的投资者来说，跌到10%就止损了，不管企业质地，一切按照操作纪律来。这一纪律是投机的纪律，而不是投资的纪律，即使是在低估时买入的股票，也不能保证股价就不再继续下跌了，A股经常会发生极端情况，本身股价已经低估了，再跌上30%也不稀奇，当然谁都想买在最低点，但多年的经验告诉我们，没有谁能够准确判断股价的最低点，只能买到低估区域，当股价严重低估，符合买入条件的时候就要开始分批买入，而不是等着最低点出现。

买入之后继续下跌，是再正常不过的事情，试问哪位投资大师没有被套过？从来没有被套过的只有两种人，一种是从来没有买过股票的人，另一种是骗子。

买入之后上涨超过30%怎么办，还要继续持有或者买入吗？很多人会说，已经涨了这么多了，不要买了，价格已经高了，看上去很有道理，但这里的高是相对于买入价格来说的，相对于企业的合理估值并不高，如果依然在合理估值的范围内，那么这样的上涨并不是不买入的理由，依然可以继续买入，当然持有是必要的，只要不高估自然是继续持有。

当市场出现剧烈震荡的时候如何处理，还要继续持有吗？答案是继续，市场是否震荡与是否操作没有关系，操作应该严格按照估值来，只要股票价格依然处于合理区间，并且企业没有变坏，那么大盘的波动与操作就没有关系，应该继续持有。

简单总结来说，只要企业质地优秀，估值在合理区间，那么不管大盘如何震荡，也不管持有股票的涨跌，都应该继续持股，不需要进行其他操作。

六、卖出

虽然我们的理想是买入一只可以一直持有而不卖出的股票，但现实告诉我们，这样的可能性是极低的，一般来说持有个三五年可能最终还是要走到卖出这一步。不管是买入还是卖出都是有条件的，都必须按照条件来执行。卖出的条件有如下几种情况：

（一）买错了

在买入之前的分析过程中犯了错误，企业本身没有预想中那么优秀，高估了企业的质地。投资过程中充满了不确定性，唯一确定的就是我们肯定会犯错误，犯了错误就要改正，对于股票投资来说，改正就是立刻卖出劣质企业，这样成本最低，效果最好。

（二）变坏了

就是买入时一切正常，企业也很优秀，买入的估值也合理，但随着时间的推移，企业的质地发生了改变，企业没有以前那么优秀，变坏了，就不符合继续持有的条件了，只能将它卖掉。

（三）太贵了

就是买入之时一切正常，持有至今企业依然相当优秀，只是由于市场对于企业的期望过高，企业的股价过高，已经超出了估值上限。这时是要适当减仓的，即使不全部卖出，也要减出一部分的仓位，当企业透支了未来两年的收益时，卖出是必然的选择。

（四）要换了

现在持有的企业股票估值合理，质地优秀，但是投资者发现了更好的投资目标，自然是要换掉的，以更低的价格买入更优秀的企业，当然是可行的方案。换股这种操作一般来说需要谨慎对待，毕竟现在持有的企业可能已经跟踪了三年甚至更长的时间，更加了解，而新发现的企业可能只做了基本了解，所以一定要把功课做好再换股。

（五）合理性

要兼顾自己投资组合的合理性，不能让一只个股占总资产的比例过高，如果这个比例超过 50%，可以适当调整，但这并不是硬性要求，投资原则是一定买自己了解和熟悉的企业，而不是为了组合而组合。

（六）急卖

符合卖出条件的股票自然是要选择卖出的，但卖出条件本身是个区间概念，比如高估了，可能 60 倍市盈率以上都叫高估，那么是 65 倍卖，还是到了 60 倍就卖，这是个问题。比如当股票价格严重高估的时候，什么时间点、以什么价格卖出，可以参考技术分析，比如高位形成死叉时是可以卖出的。

当发现买入的企业没有预想中那么优秀，分析发现是政策原因或企业管理层变坏原因等，就应该第一时间选择卖出，这个时候不要再抱有幻想，不要想着再等等，或者哪怕少亏损一点也行，投资当中犯了错误，就要马上认错，市场不会按照我们的设想来运行，少亏一点，或者到了成本就卖出，那是理想状况，但这很难实现。

七、长期投资的回报率

许多价值投资者喜欢长期持有一只股票，三五年可能只是起步，十年八年也是正常现象，特别是回看一些优秀企业的巨大涨幅时，都是十几年甚至更长时间才能实现。既然要长期持有，就有必要分析一下长期投资的收益率取决于什么因素，只有清楚了这一点，才可以要求收益率。

对于长期投资的收益率，我们借用两位投资大师的话：有人问股神巴菲特，最看重哪个财务指标，巴老毫不犹豫地说出了 ROE（净资产收益率=净利润/净资产）。关于 ROE，芒格说：如果你长期持有一只股票，你的收益率就和其 ROE 差不多，而当初买入价格高低对收益率影响不大。

比如我们以 10 元的价格买了甲企业股票，该企业的市值为 100 亿元，市盈率 10 倍，每股盈利 1 元，年底的每股收益为 1.15 元，ROE 为 15%，如果不分红，那么企业股价应该为 11.5（1.15×10）元，我们实际的投资收益为 15%，但由于 100%分红，得到的分红为每股 0.15 元，除权之后股价调整为 11.35 元，投资收益依然为 15%。当然这是一种简化情形，在现实当中没有哪个企业会是 100%分红，通过这种极端情况，我们大致知道，当估值水平不变的时候，长期投资收益率无限接近企业的 ROE，当分红率越接近 100%时越有效。或者说，长期投资的上限应该不会超过企业的 ROE，但无限接近于 ROE，当然短期内这个情形并不直观，由于炒作，几个月股价上涨十倍的有之，但用不了两年，会再次跌回到起涨点附近，没有盈利支持的上涨是不可能长久的。

八、股市里赚钱的几种方式

股票投资收益无非来自以下几个方面：

（1）严重低估的钱，就是企业本身值 10 元，市场只按 6 元进行交易，那么现在去投资这样的企业，未来可能按照正常的估值水平，也就是 10 元卖出股票，自然会有利可得。

（2）以合理的价格买入了快速成长的企业，尽管买入价格没有占到便宜，但三五年过后，由于企业的高成长，依然能够获得一定的收益，而且把时间拉长，收益将无限接近公司的增长率，这就是成长型投资。

（3）市场泡沫的钱，当市场对某个行业极度看好的时候，就会产生泡沫，个别企业的估值会被吹得很高，但这种泡沫不会一直存在，必须要在合适的时候卖出，否则也赚不了钱。

长期来看，估值的重要性并没有那么大，成长性更加重要，如果现在不愿意去买入，恐怕三年后这些企业依然还是高估，甚至可能高估得更多，那么如何是好？是投资还是不投资，这是个问题，所以要更多地看企业的成长，而不是看估值，只要成长是确定的，那么估值就不那么重要。

第十三章

你会看盘吗

看盘是看企业变化、行业变化、政策变化，而不是看价格变化、图形变化，更不是看压力与支撑、大单与小单。因为这些不是决定股价长期涨跌的核心因素，决定股价长期涨跌的只有企业利润这一个因素。

一、看盘的目的与方法

看盘的目的是观察企业的变化，因为投资本身就是与企业一起成长，如果企业变差了，那么投资成果必然不会好，如果企业变得越来越优秀，那么投资也会越来越好。因此所有的关注点都应在企业身上，在行业的发展趋势上，在相关政策的变化上。

要经常关注企业公告，看看企业在做什么，有什么新的决策，打算着重发展哪一方面的业务或者进入哪个领域，企业的重大事项都会进行公告。

从具体事项来说，我们更加关心企业发展方向变化、重要人事变化、企业竞争对手的发展情况、企业所在行业的政策变化，以及行业的发展趋势，当然也会看行业内的研究报告，特别是深度研报。

二、政策对于投资的影响

投资过程中，我们一直都在寻找确定性比较强的机会，不管是以优秀企业为基础，还是以行业发展的判断为基础，核心都是要找到确定性强的企业来投资，其实政策的变化对于企业的影响是深远的，产业政策的变化就是行业内利益的重新分配。

在选择二级市场投资目标时，也要有这方面的考虑，要清楚地知道产业政策的导向是什么，政策鼓励的方向就是我们投资的方向，而政策限制的方向自然是不碰为佳。作为投资者，要对政策保持敏感性，影响 A 股股价涨跌的政策因素很多，简单总结起来有以下方面。

（一）产业政策

产业政策的变化尽管短期内只会影响投资者的心理，但长期来看确实也会引起企业盈利的变化，甚至由于政策的影响，会导致企业生存模式的改变，比如影响仿制药行业的 4+7 采购政策，就使行业产生剧烈变化，许多企业的生存环境发生彻底改变。

（二）经济政策

经济政策所指的范围要远远大于产业政策，比如连续去杠杆，这对所有行业都会产生重大影响；再如货币政策与财政政策的变化，都会从宏观上影响投资者的信心，影响整个经济的走势。

如果政策利好，则投资者信心增强，资金入场踊跃，影响供求关系的变化。如果政策利空，则投资者信心减弱，资金流出股市，从而导致股市下跌。

（三）金融政策

金融方面的政策是相当广泛的，比如对于场外配资的态度。2015 年会有大行情，一个重要原因是有场外资金的参与，因为资金入市的渠道增加，导致市场大幅上涨，后来行情结束，踩踏式下跌，也是因为场外资金被严管。这样的政策变化，对短期波动的影响是巨大的，对于加杠杆参与股市投资的人来说甚至是致命的。

应该清楚看到，政策对于市场的影响是巨大的，在选择投资方向和时机时，必须考虑政策的影响，政策会影响整个经济，任何企业都不能例外，自然也包括投资的个股。

三、分析大盘有利于做好投资吗

价值投资本身并不需要看大盘，只需要认真分析企业，并且从现实出发去研究企业的变化，看行业的发展变迁，这才是最为重要的出发点，如果没有企业研究，没有行业发展预测，研究大盘其实没有意义，当然如果是投资股指期货，看大的趋势做投资是另外一回事。

可以复盘看看大盘的历史趋势，最近五年来，大盘总体上还是在 3000 点左右反复震荡，没有出现特别明显的上涨，但个股已经相去甚远了，由于企业发展，持续的利润和收入变化，使企业价值不断增加，甚至出现了 N 倍的上涨，那么这样的投资与大盘有关系吗？显然是没有关系的，大盘不断震荡，但个股不断新高，所以更多地去研究企业的变化才是投资的核心所在。

如果正好赶上大盘深度调整，可能会有更多以便宜价格买入优质企业的机会，但这并不是我们研究大盘的理由，这种事如果见到了，那是运气好，见不到也是正常现象。

从长远投资的角度来说，价值投资不需要研究大盘，只需要研究企业、判断行业，大盘仅仅是参考，甚至可以完全不看大盘，只看企业和行业决策，长期来看这完全不影响投资收益。

第十四章

关于市场的几个问题

在股票市场里，总是会有一些问题困扰着我们，只有把这些问题的实质搞清楚了，才能更好地在市场里生存和发展，才能走上正确的投资之路。

一、市场交易是零和游戏吗

许多参与股票投资的人，都认为股票市场是一个零和游戏，你赚的钱就是别人亏的钱，双方都在进行着损人利己的事，把自己的幸福建立在别人的痛苦之上，或者说这个市场本身并没有创造价值，仅仅是一个资产转移的场所，真是这么回事吗？如果不能把这个问题弄清楚，那么进入市场的初衷就会出现偏离，也很难赚到钱。

客观地说，股票市场有零和游戏的性质，但不完全是这个性质，要看你打算做什么样的投资者，是短线还是长线，是价值投资还是技术分析。

如果你是做短线的，特别是做超级短线的，那么市场本身不只是零和游戏还有可能是负和游戏，因为还要交税费，总体会使资金总额减少。但如果是做长线，持有时间足够长，有时间让企业创造价值，那么市场就不是零和游戏，而是正和游戏。

所以股票市场本身是不是零和游戏取决于你如何对待这个市场，市场就在那里，你怎样面对它，它就怎样回应你。对于长期投资者来说，股票市场是一个四方共赢的市场，对于短期参与者来说，股票市场是一个负和游戏。

二、长期持有一定是价值投资吗

在股票市场中，频繁交易很难赚到钱。截至 2017 年底，沪市的个人投资者贡献了总交易量近八成的交易额，相当于机构投资者的 5 倍。但是在盈利方面，个人投资者在总盈利规模中仅占据不到一成的比例。简言之，A 股市场的散户在整个市场中占据了八成交易量，但盈利仅占不到一成，这对于普通散户而言显然不是理想的结果，频繁交易并没有赚到钱，要是一直持有不动，是不是就会赚到钱呢？

答案是不一定，这里的核心问题是看持有什么个股，如果这个问题不能解决，那么持有的时间再长，恐怕也没有收益，也许还会亏。长期持有的一个重要前提就是要持有优质的企业。

一般而言，只要选择的企业不是特别差，是行业中等以上的企业，那么持有时间久了总会赚钱，区别就在于赚多与赚少，但如果选到了市场中比较差的 20%的企业，想赚钱难度就大了。如果想要长期持有，不理会市场短期波动，那么首先需要选择一个优质企业，然后再去考虑持有的问题。

三、在中国能够进行价值投资吗

常听人说中国不适合做价值投资，其实，适不适合做价值投资，不是看地方，而是看人。虽然美国是价值投资发源地，美国股市也很成熟，但美国做价值投资的人还是少数，因为很多美国人也不适合做价值投资。适合的人在哪里都适合，不适合的人在哪里都不适合。

从现实的角度来说，投资是什么？投资的本质是我们与上市企业的大股东合伙做生意，就跟现实生活中你与哥们合伙开饭店是一个道理。在中国的市场环境下可否合伙做生意，在现实当中有没有人合伙做生意，这个答案是非常简单的，既然现实生活中能够合伙做生意，那为什么不能在股票市场里也以合伙做生意的角度来理解股票呢？

现在多数企业都是几个主要股东合伙出资、合伙经营，单打独斗的时代已经过去了，一个人想当孤胆英雄的难度越来越大了，没有团队的配合，没有大家集体努力很难做成一番事业。在现实当中如此，在股市里也是一样。

因此，不是在中国能否进行价值投资，而是你想不想走价值投资这条路，你是否理解什么是股票，股票本身是企业的一小部分股权，是实实在在的，不仅是交易的筹码。

四、T+1 与涨跌幅限制的利与弊

股票市场在规则方面还是有许多特色性安排的，比如涨跌幅限制，比如T+1的交易制度。这些安排的初衷是保护投资者的利益，但从效果来看似乎并不是很理想。

涨跌停板制度，加剧了消息的影响，降低了市场效率，客观上也起到了助涨与助跌的作用。所谓加大了消息的影响，是指由于 A 股市场本身情绪化比较严重，在涨跌停板制度下，容易形成连续涨停与跌停，本身可能波动10%就可以被市场消化，市场会用更长的时间才能完成，特别是当出现重大消息时，即使需要下跌或者上涨 50%，在没有限制的情况下一天完全可以反应了，但由于涨跌停的限制，时间会拉长，会出现更多涨跌停板数量，同时由于许多资金无法进出，投资者的资金使用效率也会降低。

从提高市场效率的角度来说，这种限制本身并没有起到积极作用，也没有起到保护中小投资者利益的作用，只是“由突然死亡变成了缓慢死亡”，但“死得更惨烈”。

所谓 T+1 交易制度是投资者当天买入的股票不能在当天卖出，需待第二天进行交割过户后方可卖出；投资者当天卖出的股票，其资金需等到第二天才能转出。1995 年，基于防范股市过度投机风险，沪深两市的 A 股和基金交易由 T+0 回转交易制度改为了 T+1，并一直沿用至今。从出发点来说，其主要目的是防止过度炒作，从抑制投机的角度来说这确实起到了一定的作用。但从股市本身来说也有相当的不良反应，股票市场是一个进行灵活交易的场所，并且以交易来定价，T+1 的交易制度在减少投机的同时，也使得一部分资金量小的投资者无法进行日内交易，而对于资金量大的投资者来说又不会造成障碍，这就形成了交易体系的不对称，大资金可以日内交易，而小资金只有 T+1 交易，人为造成了交易制度上的不对等。

现在的期货市场是可以进行日内交易的，一方面是股票市场的 T+1 交易，另一方面是期货市场的日内交易，这再次造成了交易规则上的不对等。

五、如果放开涨跌幅限制，技术分析还管用吗

在股票分析这个领域，有相当大的一个门类是技术分析。所谓技术分析，就是依据股票历史上的成交量、均线、成交价格的变化来判断未来股价的走势。如果以后完全放开了涨跌幅限制，技术分析还管用吗？

放开了涨跌幅限制，涨停战法等方法一定会失效，因为没有涨停这种说法了，不管是多大的利好，市场也会在一天内反应完成，不管是什么级别的利空，市场也同样在一天内反应完成，甚至可能是开盘 20 分钟就已经充分反应了，那么利用大资金封涨停的方法将不再适用，并且当日买入的股票可以卖出，可以有效降低市场的过度投机，比如一些垃圾股就不可能出现连续 N 个涨停板的现象，只要有超出正常范围的上涨，就会有人等着卖出，并且有可能会一天之内交易多次，那么投机与操纵的成本将更高，市场也将更加趋于理性。

六、为什么学习价值投资的人一直很少

纵观整个投资世界，学习价值投资的人一直不多，就像巴菲特所说的，不要指望着价值投资能够蔚然成风，这几乎是不可能的事。为什么认同股票是企业股权的一部分这个基本前提的人很多，但是进入二级市场之后，选择做价值投资的人又非常少呢？

价值投资的门槛有些高，首先要有一大笔闲钱，因为其追求的年化收益

是20%以上，如果只有个十万八万的，这点收益完全不痛不痒，没有感觉，怎么也要七位数吧。可是因为价值投资的增长规律，这笔钱又很难通过价值投资赚到，这就需要我们把在别的地方赚的钱投到股市中来。可是，既然能在别的途径赚到七位数，为什么不继续做老本行，还要来不熟悉的股市呢？这是个悖论。

价值投资者必须对时间不敏感，同时还要低欲望。不想购买各种奢侈品，不天天看股市，不听消息也不上雪球，唯一的希望就是长寿，漫长的投资时间才能带来足够大的回报。不进行价值投资的朋友听到这些往往会怼一句，“那活着还有什么意思呢”？或者是，“十年之后我都多大岁数了，有钱也未必还能花了”，言下之意，有钱还有什么用？

价值投资不是着急就能够解决问题的，进入股票市场的人，很多都想着趁行情好赚一笔就走人，结果刚开始还赚，后来随着市场不断调整，本金也套牢了，被迫长期持有，这个时候又觉得自己是价值投资了，其实这本身是无奈之举，也就不算价值投资。

所谓价值投资，投资者本身就是来做股东，与现实生活中参股企业做股东是一个道理，完全从股东的角度考虑问题，做出决策，这才是投资应有的立场。不知道股票背后的企业怎么样，不了解管理如何，只想着做差价，想着赚快钱，这本身也是自欺欺人的，不用每天一个涨停板，就是每周一个涨停板，一年下来就能赚非常多！其实不是愿意学习价值投资的人少，而是愿意脚踏实地的人少。

七、现实当中投资企业与投资股票市场的联系与区别

在现实当中，如果你与朋友一起开了一家饭店，那么你们彼此一定是非常了解的，可能你不参与管理和经营，是单纯的财务投资者，年终拿分红就行了。那么，你肯定不会因为马上过国庆节了就先卖出自己手里的股权，等到国庆节后再买回来，这样做的成本很高，要签各种协议，还要去工商部门过户，还要征得股东的同意，但是持有股票就不一样了，你可能因为长假就先

卖出了股票，想着长假结束之后再买回来，这是经常会有的想法，还觉得自己做得非常正确，能够规避风险。这是现实当中投资企业与投资股票的第一个区别：进出的方便程度不同，这种不同决定了人们对于股权的态度不同，二级市场的股票，大家不觉得它是股权，而更多地觉得它是一个交易的凭证，但它本质上就是企业的一部分股权。第二个区别是，涨跌的幅度变化没有那么快，现实生活中，即使你要转让股权，也是转给懂行的人，一个完全不懂得饭店经营的人也不会接手你的股权，既然你的交易对象为业内人士，就能够给出一个合适的估价，即使价格有些偏差，也不会特别离谱，但股票市场就不同了，你可能对持有的股票没有认真研究，完全就是凭感觉，看图形交易，那么自然也不知道这些股票价值几何，应该出多少价钱买入合适，就会把价格抬到很高或者压到很低，也就是严重的高估或者低估，特别是在极端的牛市或者熊市当中，这样的现象更是普遍存在。极端情绪下容易引起股价的大幅波动，这是二级市场的特点，在现实生活当中，股权的价格是不会有如此大幅波动的（在企业没有发生重大变化的情况之下）。第三个区别是，在现实生活中，人们很少去投资自己不太懂的行业，即使看上去这个行业的前景非常诱人，至少也会认真研究与学习，而在股票市场里这样谨慎小心的投资者就很少了，他们不在乎自己懂不懂，看着图形好看，看着题材诱人，就打算去买入，完全没有问问自己对于要买入的股票是否认真分析过，似乎这些都不是问题，如果动手晚了就错过了上涨的时机，急不可耐地买入，被套了才想去研究一下企业，这应该是买入之前做的功课，被套之后才补课就晚了，学费是必须要交的了。

本质上二级市场的股票投资是一级市场的延续，股票投资本身也是源于生活，尽管两者有一定的区别，但核心是一样的，即都是企业的股权，都是源于现实，如果脱离了现实单独考虑股票投资，那必将遭受重大损失。

八、稳健型投资者与成长型投资者的收益率比较

我们一般把价值投资者分为两种，一种为价值型的，一种为成长型的。

价值型又称为稳健型，以巴菲特的老师格雷厄姆为代表，而成长型则以成长股之父费雪为代表，不管是稳健型还是成长型，他们的基本出发点都是一致的，就是买入股票就相当于买入了企业的一小部分股权，就是要在自己能够理解的行业范围之内认真分析企业，以合理的价格买入优质的企业，但这两种类型的投资者对于买入价格、卖出时机的判断是不尽相同的，自然取得的收益也不相同。

从历史数据来看，稳健型的投资者取得了更好的投资收益，而成长型的略差一些，尽管也是正收益，却没有稳健型的高，这恐怕与他们取得收益的方式有关系，稳健型的投资者是在企业被严重低估的时候买入，买入时就已经知道自己能够赚钱，只是不知道什么时候赚钱，也许是等待一年，也许是两年，但市场一定会发现自己的定价错误，等市场恢复到正常定价模式之时，就是稳健型投资者赚钱之时。成长型投资者是用正常价格买入自己认为优质的企业，正常价格就是没有低估，但高速成长并不是100%确定的，一旦判断出现偏差，高速成长没有如期到来，那么股价就会出现较大幅度的下跌，并且从行业发展规律来说，任何高增长都不可能一直延续，都会向着行业平均值回归，那么对于高速增长的企业来说，增速回归到正常水平就是必然的，股价出现双杀是必然的。相反，对于已经严重低估的价值型个股来说，由于其已经被严重低估，再次被双杀的可能性非常小，倒是有可能出现超预期的企业增长，即双击的情形。双杀与双击之间的差别是巨大的，两种类型的投资者获得的收益也因此有了差别。

九、为什么要选择低估值投资方法

在投资领域有两种模式可以选择，一种是高增长高估值，另一种是低增长低估值，一些投资者喜欢快速增长的企业，而另一些投资者则持有相对低估值、成长速度也慢的个股，这两种模式哪一种更好，如何选择才是理想的投资方式？

从长远来看，投资收益最终取决于企业的成长速度，也就是高增长的企业会带来更好的收益，而低增长的企业相对来说收益低，从这个角度来说当然是高增长的企业更加值得持有。但任何事物都有两面性，高增长同样也意味着高风险，这里的风险分为两种，一种是企业高增长不能维持的风险，任何企业想要维持高于行业平均的增长速度都是相当困难的，特别是长时间地维持，都需要更多的努力和付出，并且终将有一天会向行业平均增长速度回归，当回归开始的时候，第二种风险就来了，就是由于增速放慢引起股票市场的双杀，一方面是估值水平的下降，另一方面是盈利能力的下降，二者叠加会导致股价几何级数地下降。低增长低估值的企业，由于本身估值水平已经相当低，并且增长速度也处于较低的水平，相对来说再次大幅下降的可能性小一些，那么被双杀的可能性也就小了许多，万一什么时候行业性好转，或者企业的经营再次开始加速，还有可能带来估值水平的提升，换句话说，低增长低估值由于本身的市场预期已经很低，已经被双杀过，那么再次双杀的可能性就不大了，反而还有可能双击。

我们都曾经选到过一只或者数只大牛股，但最终却没有在这只股票上赚到钱，就像你身边的朋友一样，你在与他沟通的过程中，都说自己曾经买到过茅台，也曾经买到过 100 亿市值的东方财富，然而当它涨到 200 亿市值的时候就卖出了，这是不错的结果，有人可能还会在这样的大牛股上亏钱，一个原因是没有耐心持有到它上涨几倍，有所收益就卖出了，另一个原因是买入之后就经历了漫长的下跌，在下跌的过程中过早地止损了，那么买到大牛股而亏损就成了事实。这种亏损显然不在选股上，选到的股票都是质地优良的，亏损是在买入价格上，为什么要选择低估值的股票进行投资，这句话是否正确，只要价格足够低，任何企业都是可以投资的？

价格永远是投资中不能绕过的一个重要门槛，再优秀的企业也要在合理的价格范围之内投资入股，若以过高的价格买入，短期内可能会遭受重大的亏损，甚至可能造成永久性的损失，也不利于投资者走上价值投资之路。

举例说明价格的重要性，即使是 A 股市场当中最差的企业，只要它股票的市值明显低于企业的破产清算价格，也可以进行投资，并且这本身就是格雷厄姆使用的方法，从 1936 年起至 1956 年格雷厄姆退休，其经营的格雷厄姆纽曼公司的年收益率不低于 14.7%，高于同期股票市场的整体收益率，跻身华尔街最佳的长期投资收益公司之列。可见只要买入的股票估值足够低，那么一定能够获得正收益，并且是远远跑赢指数的收益。

十、技术分析的弊端在哪里

技术分析是非常普遍的判断股票价格涨跌的方法，这种方法的假设是股票价格反映一切，也就是说股票价格反映一切已知的、未知的因素，市场永远是对的，或者说现在的价格一定是正确的，那么这个假设正确吗?

技术分析派有一个假设叫市场价格反映了一切，那么这个假设是否成立呢? 如果我们把这句话多加两个字，改成市场价格终将反映一切，再来看好像味道就不同了。

市场价格终将反映一切，这句话在逻辑上是不可辩驳的，但是在此时此地呢，它就不一定反映一切了，所以每一个当下市场价格并不反映一切信息，这就意味着，当下的市场很可能是错的。

再从基本分析的角度来看，基本分析有一个前提假设，就是价格是围绕价值上下波动的。可以想象一下，假如价值是一条水平线，而价格是一个上下波动的像正弦波一样的曲线，两条线交会的时候多还是两条线分开的时候多? 只要深入思考这个假设，就会发现大部分时候市场的估值或者说定价都是错的。所以市场永远是对的，恐怕应该修改为市场多数情况下是错的，只有少数情况下是对的。

市场价格反映一切是一种唯价格论，持这种论调的投资者认为所有自己已知和未知的观点都通过价格的方式体现出来，市场永远是对的。投资者只需要对价格的变化做出相应分析，就可以在某段时间和空间里，把握住价格变动的趋势，从而理解股票价格变化与企业基本面之间的关系。当价格朝着自己判断的相反方向变化时，则要立刻止损，因为其价格必然涵盖了自己所不知道的某种负面信息，而这种负面信息对股票价格的影响有多少，自己并不清楚，所以不如等到价格稳定后再选择进场，以避免未知的负面因素对自己持仓的损害。这样，投资者必须对投资线索的成本—收益有一个非常精明的计算，拥有长效的衡量工具，让实际收益大于机会成本才有可能盈利。

唯价格论的投资者过分强调当前的价格，而忽略了远期的变化。事物的发展是非线性的，一个企业在发展的过程中必然要经历各种挑战，股票价格的变化也肯定不会是一帆风顺的。另外，因为过分强调价格的变化，在规避风险的同时对事物的真实状态也不关心，很容易陷入不可知论。长此以往，则容易对市场产生假想敌的幻觉，仿佛有一只无形的黑手专门与自己作对。慢慢就会把正常的市场变化演化为迷信，从而永久地规避了投资过程中最重要的一部分——“探索真实世界的可能”。但是，如果风控能力强，又具备相当的执行力，一般亏不了大钱，如果碰到市场环境好，价格持续上涨而没有反复地调整，就可以赚到顺市而为的钱。

从理论上说，这样的假设有一定的道理，但完全抛弃了股票的本质去研究市场的趋势。股票的本质是股票背后所代表的企业。只有坚持从企业基本面出发，坚持价值投资，才能在股市里赚钱。股价的走势图只是表象，企业经营业绩的好坏才是本质。没有正确的出发点，再努力也很难在投资的道路上走远。

十一、市场风格为什么会切换

多年的股票投资者都会知道一个说法，叫作市场风格切换。比如明显的风格切换是由核心蓝筹向二级蓝筹转变，所谓的核心蓝筹就是 2021 年春节后持续下跌的那些，当然春节以前它们也确实涨得太多了，那么这种风格的切换是由什么造成的，为什么市场总是有一段时间在某种风格上往复切换呢？我们能不能判断这种切换什么时候发生，并且利用这种切换为我们服务呢？

首先要清楚为什么风格会切换，这是非常重要的问题。会出现风格切换，主要还是由于资金的偏好出现了转变，或者说是指挥资金的人的偏好发生了转变。正是随着股价的变化，市场中的主流投资者的想法发生了改变，市场的风格才会发生改变。比如典型的核心资产的风格切换，2016 年到 2020 年底这段时间，市场都非常明确地看好核心资产类公司，资金更是无脑买入，这导致了核心100类个股持续上涨，涨幅巨大，随着估值的不断拔高，后续资金意识到了高估值的风险后，开始转向二线蓝筹类公司，这才是导致风格切换的核心原因。

这种切换本质上与企业的关系不大，那些核心资产类的企业没有发生本质的变化，不同点在于，后续资金认为其估值实在太高了，所以大量的资金去追求那些相对性价比更高的资产，不愿意承担高估值的风险，导致价格的剧烈波动，这种波动本质上只是市场偏好的转变。

我们如何来利用这种波动呢？从长远的角度来说，买入股票的长远的收益本质上是由企业成长带来的，那么首先就需要选择优质企业，如果出现价格持续下跌的机会，当然是不能轻易放过的。所以利用这种风格切换，就是在等待好的买入时机，至于卖出，恐怕很难利用这种风格切换的机会，因为卖出是有严格条件限制的，只有符合条件了才能操作。

其实对于我们来说，风格的切换并不重要，重要的是从中能够获得什么样的利益，我们是以选择企业为基本出发点的，只要企业没有什么大的变化，就需要长时间持有，只是如果出现较大幅度的回撤，会有比较好的买入机会布局，而且实质上这种风格的切换也没有太多意义，只是短期的价格波动，能够提供一个较好的买入点而已。

十二、什么是核心资产

核心资产确实是需要我们认真思考的问题，如果错把一般资产当成核心资产，未来恐怕就不那么美好了。

关于核心资产的说法比较多，高毅资产董事长兼CEO邱国鹭认为，核心资产具有如下特征：头部企业；具有核心竞争力；相较于竞争对手优势显著；随着经济发展，在行业中的市场占有率越来越大，所在行业体现集中度提升的态势等。

核心资产其实有一个选择标准，那就是设想一种最恶劣的情况，比如牛奶这个行业，如果这个行业最终只能剩下一家企业，那将是哪一家？其他的企业完全被打败或者收购了，只能有一家胜出，那会是谁？考虑清楚了这个问题，那么最终获胜的这一家就是这个细分行业的核心资产，如果投资这个行业只选一家企业，那么就应该是获胜的这一家。

核心资产应该是细分行业内的核心企业，是龙头企业，是竞争力最强的企业，每个细分行业都会有一两家领导企业，我们要做的工作就是把这种领导企业选出来，并且以合适的价格去投资这些企业。

投资核心是保守的，要有对失败的充分考虑，只有考虑到最差的情况，才不会被意外打败，经济发展过程中会发生各种各样的事件，但优质的企业一定能够在不断颠簸中保持稳定发展，并且成为行业的前几名，只要企业成为行业的排头兵，我们的投资就不会差！

十三、抱团股就一定会有问题吗

大家讨论比较多的一个话题就是核心资产的抱团。确实，A 股那些所谓核心资产类的企业，不断被机构重仓，个股的表现也相当不错，但 2022 年春节后一波疯狂下跌导致这类资产跌幅比较大。作为二级市场的投资者，我们对于抱团应该持什么样的看法，抱团股一定会有问题吗？应该去参与这样的抱团，还是远离呢？

我们知道，抱团的对象通常是核心资产类的企业，什么是核心资产？就是该资产的现金流创造能力具有长期性、高增长性和确定性。这类资产有长期的稳定的现金流。换句话说，这类资产在整个经济体当中确定性最强、现金流创造能力最强。

这类企业是非常优秀的，投资的终极目标就是要获得长期的现金流，就是要用今天的现金去换取未来更多的现金，核心资产类企业能够在长期创造最好的现金流回报，应该是重点关注、大力投资的对象。

抱团本身并不可怕，只要企业是优秀的，那么是否抱团并不重要，总之，我们要参与优秀的企业，跟企业一起成长，一起从市场当中赚钱。长期来看核心资产类的企业总是最优秀的，我们没有理由拒绝这样的机会。

十四、“抄作业”能够做好投资吗

许多投资者都会关注明星基金经理的持仓情况，毕竟每个季度基金经理都要公布自己的持仓情况，有些投资者会产生这样的心思，是否可以复制明星基金经理的持仓，俗称“抄作业”，这样做能够取得好的投资成绩吗？

对于普通的投资者来说，如果自己没有很强的研究能力，那么去参照明星基金经理的持仓情况是一个不错的思路。最起码能够知道在客观情况下，大机构在关注哪个方向，在向着哪个方向发力，在大的逻辑上不会出现明显的差错。然而在具体的操作过程当中还是会遇到很多问题。即使是第一时间拿到了明星基金经理每个季度的持仓情况，这其中也至少有三个月的时间差，恐怕有一些企业的股价已经是天上地下的区别了，特别是在20%涨跌幅的限制下，这样的抬头会更加明显。

在漫长的持有过程中，企业总会有各种状况发生，有一些消息是利好的，有一些则是利空的，当这些事情发生的时候，能否客观理性地分析，并且做出正确的判断，就很考验投资者的个人能力。如果没有对企业认真考察和研究，那么对消息的判断也会出现偏差，买还是卖抑或持有不动就成为一个问题，而这个时候的决策会严重影响投资收益。在漫长的持有过程中，总会有那么几个特殊时刻，如果不能做出正确的选择，将会对投资收益产生非常严重的影响。

换句话说，即使知道了基金经理的持仓情况，也仅仅是个开始，相当于只是看到了一本书的序言部分，想要获得最终的收益，就要读到全书的最后一页。你不是作者，不知道书中情节的顺序，也不清楚最终的结果如何，在考验过程中必然会犯错，坚守到最后几乎是不可能完成的任务。所以，“抄作业”恐怕只能得其形而没有其神，最终的收益会有很大的区别。

十五、常识在投资中的作用

在投资过程中，我们要对许多事件做出原则性的判断，这种原则性的判断其实更多地依赖于认知，或者说依赖于常识，比如我们知道股价不可能一直无限制地上涨，这就是一种常识。

常识是经过某种信念、理念或者理论检验的一般性知识。投资常识就是经过投资信念、理念或者理论检验的一般性投资知识及其形成的良好判断。注意，这里是经过投资信念、理念和理论的检验，这是一个非常重要的出发点，如果用其他的理念或者理论去检验投资过程，不可能是正确的。

价值投资本质上是一种投资理论，强调在内在价值大于价格的时候进行投资，注重安全边际，其基本理念就是小心驶得万年船，是一种保守主义。

常识需要包含一般性知识。一般性知识有很多，比如周期性知识、企业优势判断知识、风险知识等。一般性知识要求我们真正地从企业合伙人的角度去思考问题，判断企业的状态，而不能超越企业的现实状况去做判断。

当二级市场出现剧烈波动的时候，我们要从企业合作者的角度思考问题，而不是单纯考虑价格的运行方式和力度。凡是企业在经营过程中会遇到的问题，我们在投资过程中都会遇到。常识告诉我们，企业的经营不可能一帆风顺，总会有起伏，股价因此也会有上下波动，这本身是正常现象，那么作为合伙人，我们显然不能在企业经营良好的时候持有股份而在企业经营陷入困难的时候卖出股份，波动操作是不符合基本常识的，只有在现实生活当中出现的现象，在股票市场里出现才是合理的。

判断股票的波动，判断我们应该做什么样的决策，都要通过常识。常识告诉我们不能经常性交易企业的股权，常识告诉我们企业不可能长时间持续地超高速发展，企业的发展不会是匀速的，研发会失败，成功需要时间来孕育，股价不可能无限制上涨，上涨得过多过快总会有回落，股价不可能无限制下跌，除非企业破产，否则下跌总会有极限，物极必反，这都是常识，也都是我们在投资过程中必须要经历的。

第十五章

没有专业背景的人士如何进行投资

多数市场参与者都没有专业性的背景，那么该如何进行投资呢？如果从专业上限制选股的范围，投资的难度就加大了，要知道，巴菲特也没有专业背景，却能把投资做得很好。因此，没有专业背景的投资者也可以通过一些方法做好投资。

一、投资的最佳标的——指数投资

作为普通投资者，自己选股能力有限，又没有过多的时间关注股市波动，想选择一个合适的投资标的就比较难了，但这样的投资标的确实存在，就是指数。指数投资有以下优点。

（一）交易费用低

第一，指数基金管理人只需要跟踪指数，不需要太多其他操作，控制买入卖出的时机更加容易；第二，指数基金不需要频繁调整，一般只使用一种投资策略。综合这两个因素，指数基金的操作成本较低，交易费用更低。

（二）可以分散投资风险

跟踪指数基金不容易受到单只股票波动的影响，个别股票的下跌对指数基金的收益影响并不大，所以在一定程度上指数基金规避了这类风险。

（三）业绩的透明度比较高

根据目标指数的涨跌，基本可以判断指数基金的趋势，不会有太多的偏差，所以业绩的透明度比较高。

（四）管理过程受人为因素影响较小

由于不需要频繁交易，管理过程受人为因素判断失误的影响较小，对基金经理的要求也较低。

对于没有任何专业背景的投资者来说，选择指数基金其实是非常好的策略，省去了选股和估值的麻烦，判断指数的高低比判断个股的高低要容易得多，特别是极端情况下更容易判断了。

未来科创板推出之后，如果投资者的选股能力没有那么强，但又想参与科创板，那么指数基金就是一个不错的选择。如果判断科创板指数未来一定会好，但具体哪些企业会好难以判断，那么可以保守一点，买入指数基金。

二、如何发现牛股的踪迹

一个完整的投资过程由选股、持股、卖出三步构成，选股是投资的基础，如果选股出现问题，持有越久可能亏得越多。

选股应该遵守的第一个原则是从现实中来。也就是说看到什么就去选择什么，而不是选那些高大上的还处于概念阶段的东西，要能够感知，能够理解，比如你身边的医院是否人很多，你家冰箱里放了哪些饮料，你家的厨房里有什么样的调味品，这些都是可以关注的对象，并且这些相对来说比较容易进行草根调研，可以通过自己的观察为判断提供一定的依据。这比看第三方的资料更加直观，更加具体，在市场动荡的时候才能真正做到股动而心不动，能够拿得住。

第二个原则是在子行业内选择最好的、竞争力最强的企业。只选择一个子行业内竞争优势最明显的个股，不是最大的，而是最强的，即使在价格上可能稍微贵一点，因为竞争优势最强的企业最终会成为子行业的领导者，市场占有率最高、利润最丰厚。如果以后市场环境恶化，整个子行业都遭受巨大的冲击，最终只剩下一个企业的话，那就应该是竞争力最强劲的企业留下，而其他企业终将被淘汰。

第三个原则是多听听不同的意见，一个人的眼光总有局限性，每个投资者都有自己的立场，都会带有偏见，这也是正常的，想要克服这种偏见，就要多听听不同意见以弥补自己的不足，避免落入“屁股决定脑袋”的陷阱，兼听则明，分析企业要全面，不要有太多主观意向。

三、消费品行业投资

消费品可分为可选消费品和必选消费品，可选消费品是相对于必选消费品而言的，即可有可无的消费品，不一定要买，但买了也可以派上用场。必选消费品是生活当中的必需品，是不能省略的基本开支。

不建议选择可选消费品的企业进行投资，主要还是由于居民可支配收入的变化、消费结构的变化和对企业未来的预期，从总体数据上看，近年来居民收入占整个经济体的份额在稳步下降，同时支出比例在稳步上升，当然这种支出是指必需的支出，比如房贷挤占了相当的支出份额，导致消费者手中的可支配金额大量减少，有些可花可不花的钱只能选择不花，要全力保证房贷的正常还款，特别是当利率上行周期还没有结束的时候，这种现象更加突出。在未来相当长一段时间内，可选消费品的增长都将是非常缓慢的，这里不包括奢侈品，因为奢侈品的消费人群不存在房贷问题，所谓的中产阶级才是受到房贷影响最大的。可选消费品包括汽车、金银珠宝、高档化妆品、旅游等，这些企业都将面临考验。

收入的变化直接影响支出，既然收入的比重在下降，那么支出的时候就要考虑必要性了，在这样的条件下，首先要保证医疗、基本生活必需品的支出，然后才能考虑可选消费品。

消费品是投资者的最佳选择，这主要是因为以下几点。

（一）消费类企业的产品贴近民众，容易被理解

消费行业的产品是普通大众日常经常接触的，并且消费品在市场上卖得怎么样，质量如何，一般都能有直观的感受，如伊利牛奶、海天酱油、涪陵榨菜、云南白药、桃李面包、恒顺香醋、青岛啤酒等。

（二）消费品周期性弱，属于生活消耗品

消费类企业一般都是弱周期的，经营业绩不容易受经济周期的影响，相对来说估值比较稳定。

从估值的角度来看，强周期性个股估值的难度更大一些，而弱周期性的个股由于盈利波动比较小，业绩比较好预期，估值难度较小，在选择买入价格的时候也更容易一些。

（三）受新技术影响小，产品不容易被替代

饮食行业受新技术影响极小，消费者的消费习惯一旦形成是很难改变的，就像大家都喜欢吃家乡菜一样，无论走到哪里这个爱好都是不会变的。

服务行业则完全是拼服务和体验感了。因此，从整个大消费行业来看，技术的影响是不大的，更多的是拼品牌和服务质量。

（四）相信品牌的力量

消费行业的优质企业经过长期经营和资金投入已形成了较强的品牌壁垒和规模优势，使自己的行业地位更加稳固，并且品牌能够带来一定的溢价权，使得产品在价格上具有优势。

消费品龙头的护城河较其他行业龙头的更宽、更深，更有利于抵御新进入者的威胁，使竞争优势持续时间更长。最典型的如白酒行业，经过 20 余年的竞争，形成了茅台的龙头地位和五粮液、泸州老窖等第二梯队地位，茅台每过一两年就会提一次价，这就是典型的优势。

大消费行业向来是投资者青睐的领域，从投资的角度出发，消费领域应重点关注的几类包括刚性消费、重复消费与成瘾消费。

刚性消费就是无可取代、不能拖延和不能取消的消费，比如医疗食品等重复消费的核心竞争力在于品牌忠诚度与产品黏性，就是产品捆绑消费者的能力有多强。成瘾消费则是心理依赖或者一定程度的生理依赖，消费者不能摆脱，有着牢不可破的黏性。

刚性消费、重复消费与成瘾消费确实是相当不错的投资目标，如果能够找到某个企业具有这样的特点，那就是挖到了一个“金矿”。

四、银行业的投资选择

一个国家的经济运行是一个生态系统，具体见图 15-1，货币是这个系统的“血液”，银行业是经营“血液”的行业。

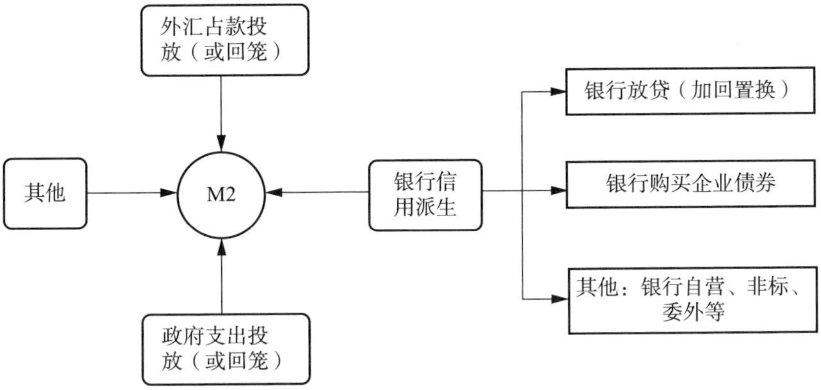

图 15-1　银行生态系统

在这整个的生态系统中，银行的业务有存贷款业务、银行理财业务和中间业务。银行的收入为信贷业务利息收入、中间业务和资产管理业务的手续费和佣金收入，减去业务和管理费用与信用风险的资产减值损失得到税前利润，扣除所得税后得到净利润。

由于商业银行在我国的特殊地位，30 年来行业格局稳定，形成了国有商业银行、股份制商业银行、城市商业银行、农村商业银行的竞争格局，行业竞争基础稳定，行业发展前景与经济周期趋同，行业可塑性低，单一银行没有定价权，也没有赢家通吃的现象，业务同质化严重。

在正常的市场经济中银行是强周期行业。当经济扩张的时候，大家都愿意投资企业的股权（劣后资金，超额回报）和银行债券（优先资金，不良降低），经济扩张到顶峰之前，企业扩大生产，增加发债，企业股东赚取超额回报，银行赚取股东回报。随着经济紧缩的到来，收入增长放慢，甚至负增长，但企业向银行付的利息是刚性的（优先级高），他们还是要按时还本付息，留给企业股东的利润就少了，甚至会亏损。这时我们会看到银行的收入还是在正常增长，与企业下行的利润走势不同。这就是银行利润与企业利润的一次偏离。

随着经济继续下行，企业经营进一步恶化，连正常支付银行利息都成问题了。有些财务状况还不错的企业，开始收缩产能，有些企业则开始被银行追债。银行则体现为信贷增长乏力，收入增速下降甚至负增长。但银行还是要按约定给他们的债权人（存款人为主）支付利息，这也是刚性的优先级，所以不良损失也只能由银行股东承担，因此留给银行股东的利润也出现了较大下滑。

在经济萧条底部附近，绝望的企业家们陆续关掉了产能，有些则可能被债权人清算，供给收缩，供需对比逐渐趋于均衡，商品价格回升。看到复苏苗头时，谨慎的企业家们不会立刻申请大笔贷款增加产能，只能少量增加产能。这时，企业收入明显增加，由于信贷余额已不多，支付不多的利息之后，大部分成了企业股东的利润，也就是劣后资金的利润。此时企业利润快速好转，银行收入则好转得慢一点。这时，又一次出现银行与企业利润情况的偏离。

经济增长中后期，企业家信心不断回升，开始积极申请银行贷款用来增加产能。此时银行资产规模扩大，收入有更明显的增长。银行业的周期性见图 15-2。

我国银行业的基本特征可以简单总结如下：

（1）银行业是与宏观经济高度相关的周期性行业。银行的传统盈利模式是以资金生资产（负债），资产生利息，利差生利润，赚取的是资金的利差。

（2）银行业经营的核心在于资金是否充足、资金成本的高低、资金回收的风险系数、流动性风险的概率以及是否满足监管要求。

（3）衡量银行业的财报密码为不良贷款率、逾期贷款率、拨备覆盖率、核心一级资本充足率、吸收存款及向央行借款、发放贷款及垫资。

从以上的总结可知，银行的核心能力为获取低成本资金，如向中央银行贷款和吸引储蓄存款；然后是放贷，要把吸收来的资金再次贷出去，才会有利差收入；最后是控制不良贷款率，只有严格控制不良贷款率，才能让钱生钱，银行才能有利润。这是传统银行主要的利润来源，近几年银行的盈利模

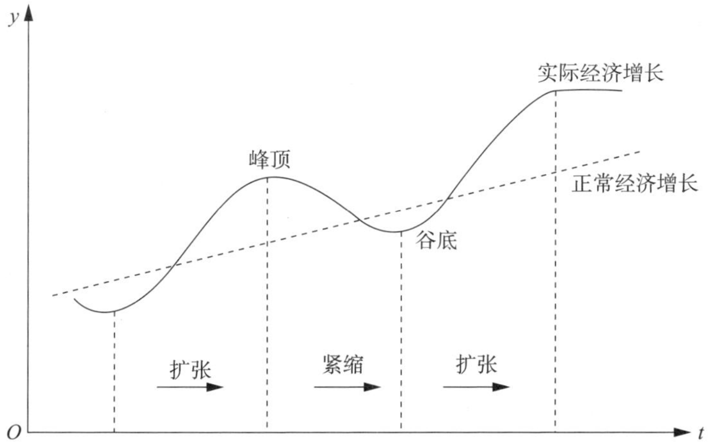

图 15-2　银行业的周期性

式发生了一些转变，中间业务成了许多银行收入的重要来源，这也是值得注意的方向。

五、为什么选择食品饮料和医药行业投资

在股票市场里投资，选择行业是非常重要的一步，只有选择好的行业，才有可能在未来取得好的收益。历史数据告诉我们，出现大牛股最多的行业是食品和医药行业，是什么原因导致消费和医药两个行业容易出现大牛股呢？

选择投资目标，就是选择企业，就是选择好生意，只有好生意才能让企业获得长期的发展，才能使收入与利润不断增加，最终使投资获益。

食品饮料企业历来是牛股集中营，比如股神巴菲特的爱股可口可乐，曾为其带来数百亿美元盈利。A 股股王茅台，股价无出其右者，能够如此风光，背后一定有原因。

（1）食品饮料和药品被认为是必需品，这就是刚需，地球上的人口总体上是增加的，那么对于食品饮料和医药的需求也会增加，所以尽管行业短期内可能会有波动，但长期的增长态势还是相对稳定的，企业的发展也比较稳定，许多企业都成了百年老店，在长期经营中获得了内在价值的提升。

（2）食品饮料企业容易在长期经营中形成品牌垄断，现在著名的食品企业都生存了百年以上，在食品工业化后持续经营，也形成了自己的品牌，获得了自己的客户群体，这样的企业自然会形成长期的利基市场。一部分医药企业也有类似的能力，比如慢性病的药品是轻易不能换的，换药将造成许多后果，这类企业的护城河是相当深厚的。

（3）无论是医药企业还是食品企业，都有抵御通货膨胀的强大能力，能够随着时间的延续而获得超过通胀水平的提价能力。药品自不必说，没有人去讲价，而食品也一样，每天都必须要消费，当成本上涨的时候，食品企业也会提高产品价格，这种能力其实是少数企业才具有的，并且企业能够随着通胀温和涨价，每次通胀来临的时候，提价的幅度比原料涨价的幅度略高一点。

正是由于以上几个原因，成就了食品和医药行业的长期大牛股地位，如果这些基本的逻辑不存在了，那么这些牛股将来也会被颠覆。既然要投资，就要选择那些长期可能成为大牛股的企业，否则投资就失去了成为伟大选择的可能。

六、为什么 CXO 是个好赛道

什么是 CXO 行业，这个行业有什么特点？

中国 CXO 行业（指代 CRO/CMO/CDMO/CSO）是近 20 年才在中国发展起来的新兴行业。四大“O”主要是医药外包服务中的几种不同组织。医药外包组织已经贯穿药品生命周期的全流程，其中 CRO、CMO、CSO 分别服务于医药行业的研发、生产、销售三大环节。

（1）医药合同研发企业（Contract Research Organization，CRO），主要为创新药企提供药物发现、临床研究、临床试验等新药研发合同研究服务。

（2）医药合同定制生产企业（Contract Manufacturing Organization，CMO），主要为制药企业提供医药产品规模化定制生产服务。

（3）医药合同定制研发、生产企业（Contract Developmentand Manufacturing Organization，CDMO），主要为创新药企业提供医药，特别是创新药的工艺研发及制备、工艺优化、放大生产、注册和验证批生产以及商业化生产等。

（4）合同销售组织（Contract Sales Organization，CSO），是与药品生产企业（或药品销售权所有人）签订药品销售合同取得销售权，并基于药品销售获得报酬。

新药研发的过程见图 15-3，创新药研发服务商情况见图 15-4。

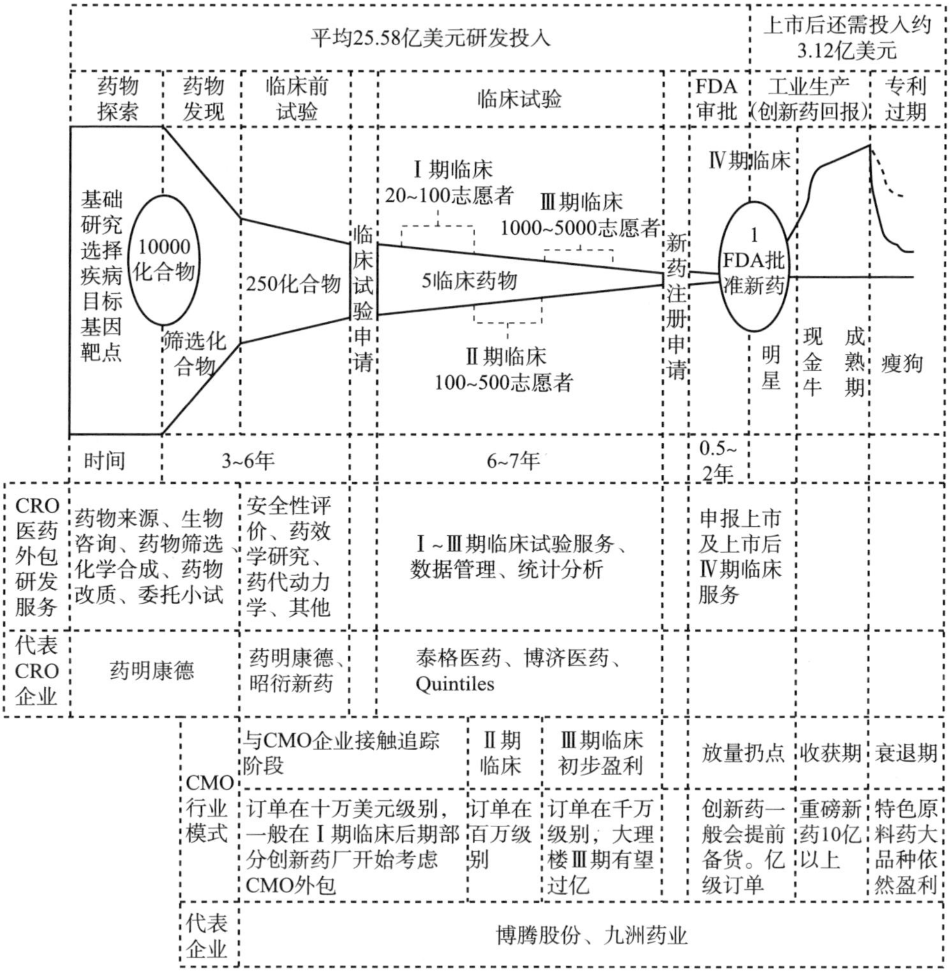

图 15-3　新药研发的过程

近年来新药研发的趋势是：小的研发型医药企业数量不断增多，在研管线占比持续提升。这一方面是因为小型研发机构的医药创新更加活跃，另一方面是因为全球资本市场医药健康产业投融资的活跃。根据动脉网的统计，

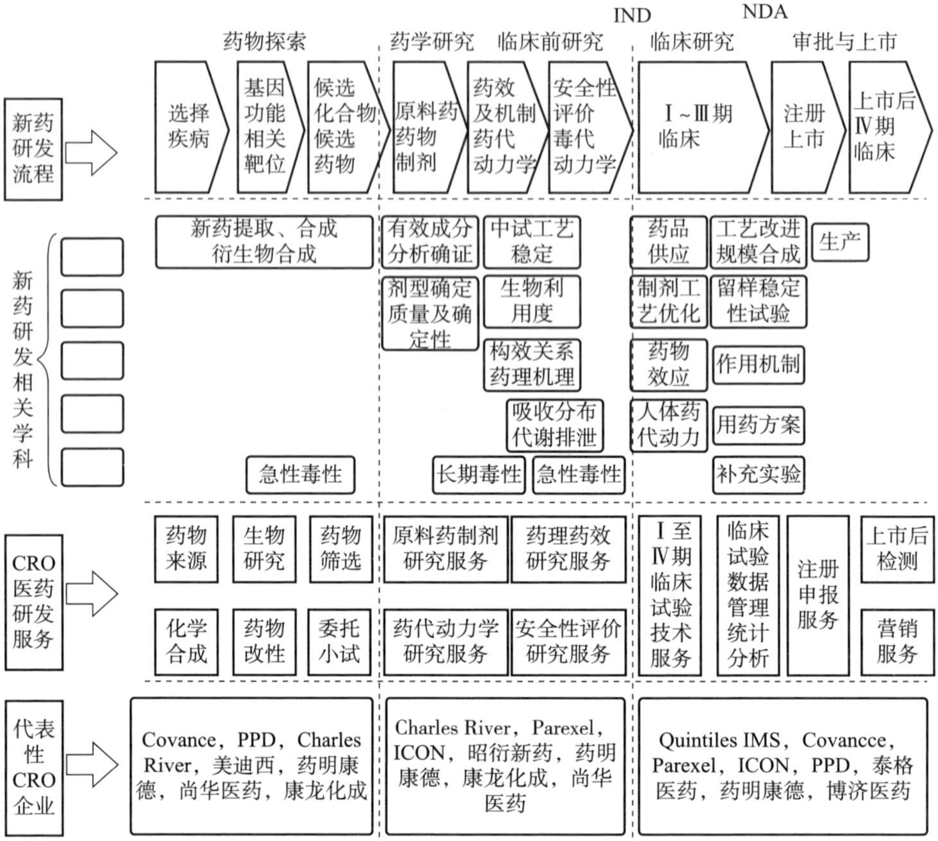

图 15-4　创新药研发服务商情况

2011 年以来资本市场持续保持高度活跃，相关投融资事件及融资金额快速增长，2011—2020 年复合增速为 22%。2020 年中国医疗健康产业投融资总额达到历史新高的 5169 亿元（749 亿美元），同比增长 41%。据 Pharmaprojects 统计，全球在研新药中新兴科技研发公司（在研管线中有 1~2 个新药）研发的新药占比从 2011 年的 14.8%左右增长到 2018 的 19.3%左右。考虑到新药销售弹性较大，新建产能周期长、折旧多等因素，轻资产的新兴生物科技研发企业往往比大型医药企业更倾向于将生产等环节外包。

几十年来，新药研发成本持续提升已成行业常态，新药研发难度加大、推出新药的平均时间延长、新药研发成功率不断降低。20 世纪 70 年代至今，单个新药研发费用从约 1.8 亿美元增加到近 20 亿美元，但累积成功率呈现逐年下降趋势，从 21.5%下降到 15.5%。随之而来的是新药研发投入回报率的持续下降。在新药研发环境逐步恶化的情况下，CRO 成为降低新药研发成本的重要途径。大中型制药企业通过缩减开支、裁减研发人员、外包研发生产服务以应对困境。小型 biotech 企业大多不具备支撑新药研发所有环节的能力，因此也需要 CRO/CDMO 的助力。

CRO/CDMO 的高度分工、高度专业化以及丰富经验是缩短新药研发周期、降低新药研发费用、提升新药研发成功率的核心基础，细分来看主要涉及优秀的研发团队、经验数据积累、管理体系、硬件设施等因素。其中，降低研发成本固然是重要优势，但缩短新药研发周期，尤其是针对成熟靶点的先发优势已成为核心竞争力；提升研发成功率以确保公司未来中长期的发展前景（大中型药企研发管线是未来核心看点，小型 biotech 企业依赖新药上市获利以维持公司运转），对当前制药企业的发展至关重要。具体见图 15-5、图 15-6。

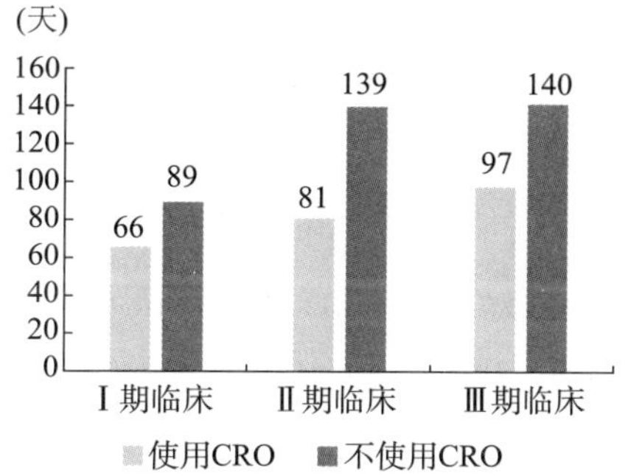

图 15-5　CRO 显著缩短临床研发时间

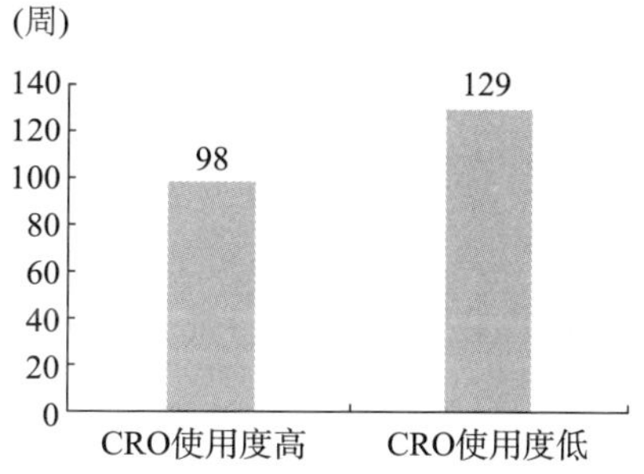

图 15-6　CRO 显著缩短申报延迟时间

中国 CRO 市场能实现 25%以上的复合增速，远高于全球市场 5%~10%的年增长率，一方面源于中国创新药市场的快速成长，另一方面源于中国正在承接来自全球 CRO 的产能转移。全球产能转移趋势是中国 CRO/CDMO 成长的重要基石，从当前较多头部公司的收入结构来看，其海外收入占据较高的比重，且增速远高于全球市场平均增速。以药明康德为例，其 2019 年海外收入占比约为 77%，2015—2019 年复合增长率约为 25.6%。

中国能够成为全球 CRO 产能转移的重要承接方，主要是因为“价廉物美”，“价廉”指的是基于人口红利，中国的成本相较于全球发达国家更为低廉，具备价格优势；“物美”指的是基于工程师红利，叠加中国 CRO 行业已具备的一定积累，质量已不输海外龙头，甚至有所超越。展望中长期，我们认为全球 CRO 产业链向中国转移趋势受阻的可能性较小，中国始终是产业链转移的核心选项，对比其他潜在国家（例如印度），在可能会受到影响的临床前 CRO 和 CMO/CDMO 领域，扰动承接全球 CRO 产业链转移趋势的可能性较小，同时国内需求也在快速提升，这将逐步成为中国 CRO/CDMO 行业发展的主要驱动力。

CRO/CDMO 行业市场规模的计算公式为：下游研发投入渗透率。拆分来看，基于新药研发难度的持续提升，市场竞争日趋激烈后药企对于新药研发效率和质量要求不断提高，CRO/CDMO 头部公司在持续积累下规模化优势、产业链优势不断加强，所以 CRO/CDMO 渗透率持续提升将是长期趋势，具备较强的确定性。投资者讨论更多的是下游研发投入的趋势，虽然大中型药企和小型 biotech 企业的驱动力不同，但均受到经济周期和宏观环境的影响。从新药市场增速、IND 数量、研发投入、PE/VC 投资规模等角度分析，目前全球及中国研发投入仍保持较快增长，且全球疫情并未对市场带来太大扰动，CRO/CDMO 市场较高的景气度可促进研发投入增长和 CRO 产业快速发展。

目前，全球研发投入维持在小幅稳定增长状态，叠加 CRO 渗透率提升，促使全球市场未来有望保持 5%～10%增速。国内创新药市场正处于景气度上行的阶段，无论是研发投入还是渗透率均快速提升，驱动 CRO 市场高速增长。2019 年中国 CRO 市场增速有所放缓，主要由于 2018 年较高增速抬高了基数，预计未来 3～5 年中国 CRO 市场有望保持 25%左右的复合增速。

兴业证券经济与金融研究院整理后发现，从海外市场来看，研发投入意愿总体较高，研发投入绝对值与销售额同步变动。20 世纪 90 年代，欧美药企开发出了众多重磅新药，2011 年后这些重磅药的专利期陆续到期。现金流品种的逐步承压，叠加 me-too 类药物竞争日趋激烈，倒逼海外头部药企加大对研发的投入。因此，无论是 bigpharma 还是 biotech 企业，近年来研发费用投入都维持在较高水平，研发费用率基本维持在 15%～30%。以部分头部公司为例，研发费用率均值保持在 15%以上。

国内市场方面，为应对政策变化和市场竞争加剧，近年来研发投入加速趋势明显，在研发费用和管线布局等方面都进入了军备竞赛阶段。虽然在研发绝对额和研发费用率层面较海外仍有差距，但正处于快速提升阶段，与全球行业平均水平逐步趋近。头部企业加大投入的趋势更为明显，例如恒瑞医药 2019 年的研发费用已达 38.96 亿元，2015—2019 年复合增长率约为 44.6%，2019 年研发费用率亦提升至 16.7%。

IND 数量也是反映药企研发意愿的一项间接指标。以美国 CDER（药审中心）药物和非生物仿制药 IND 统计为例，近年来总数保持较为稳定的状态。其中，以商业化为目的的项目正逐年增长，2014—2019 年复合增长率约为 3.5%，与创新药市场增速、药企研发投入增速较为接近。

国内市场方面，近年来源于带量采购开启仿制药市场新规则，倒逼国内制药企业加大对创新药的投入力度。同时，CDE 解决评审积压并在新政下提升评审速度，利好国产创新药研发。从 IND 数量角度来看，国产创新药，无论是Ⅰ类化药还是Ⅰ类生物药，在 IND 数量上均呈现快速上升的趋势。我们以 2020 年前 5 月数据类推全年，可以看到 IND 数量较 2019 年进一步增长，尤其是生物药增幅明显。由此可得，2020 年国内创新药研发仍正常推进，疫情影响并不明显，且研发意愿继续提升。

对于一个子行业的分析，政策的影响是巨大的，从 2015 年开始，医保政策已在改变，腾笼换鸟的迹象越来越明显，那些辅助用药将被全面限制，代替它们的将是创新药，会有越来越多的创新药进入医保目录，让患者更好地享受医学进步带来的福音，鼓励创新，未来依然会在这条路上前进。医药创新的过程中不可能缺少 CXO 的参与。

亲爱的读者，当您看到这一章的时候，您已经读完了全书，如果您认同价值投资理念，那么一定以为自己了解了投资的真谛，迫不及待地打算大干一场，仿佛美妙的收益已经在向您招手了，为了让您更加清楚地认识到市场的残酷，特别再提出几点忠告。

一、投资的第一出发点是什么

我们进入市场的唯一目的是盈利，这当然没有错，这是终极目标，却不是第一出发点，第一出发点应该是不亏损，或者叫作先胜而后求战。只有保证本金的安全，财富才有可能稳定持续地增长，在市场里亏钱永远比赚钱容易得多，亏钱的速度就像是自由落体，而赚钱就如同走上坡路，需要付出很多的努力和耐心，只有保证自己尽量少亏钱，才有可能在市场里活得久，而只有活得久，才有可能赚得多，因为时间是优秀企业的朋友，而我们是优秀企业的股东，活得久的前提条件是保住本金。

二、投资基本原则

以下这些原则能够尽量保证投资者在疯狂的市场当中存活下来。

（一）用三五年不用的闲钱来投资股票市场

股票市场本身是风险很大的，短期内的涨跌无法预测，也预测不准，想要获得长期收益，就必须要有长期投资的打算，必须要用至少三年不用的闲钱来买入股票，短期要用的钱最好不要进入股市，否则很有可能被套和亏损。

（二）投资要建立组合

投资股票不可能只买一只，必须要建立一个有效的投资组合，组合应该包括不少于七只股票，如果资金量达到了千万级别，组合的数量应该再增加一些，原则上单只股票资金的最高占比不超过总资金的20%，组合内的个股应该尽量属于不同行业，即使是不得不选择同一行业的企业来组合，也要选择不同子行业的企业，这样的组合才是有效的，最好是组合的企业分散于多个行业，并且企业处于不同的生命周期，这样抗风险能力更强。

（三）分批买入

在判断个股低估的时候，比如已经低于一倍标准差的下限，就可以适当开始建仓，这个时候谁也不知道股价是否还会下跌，所以买入应该分批进行，一般处于下跌趋势的时候买入股票，要分3~5批，如果已经处于上涨趋势，那么可以少分几批。总之，必须要分批买入，每批间应该有10%左右的价格差异或者有一定的时间间隔，比如1~3个月。

（四）不加杠杆

这里的不加杠杆是指不借钱投资，这种借钱包括向任何人借钱，也包括场内融资、场外融资，总之应完全使用自有资金投入，投资本身是高风险的行为，不要拿别人的钱去冒险，那将是险上险，当然期货本身就有杠杆，自然是在严格禁止之列。

（五）原则上不做空

目前的市场环境本身很难依靠做空赚钱，另一个原因是做空是违反客观发展规律的，经济从长期来看一直是螺旋式上升的，短期内可能会有倒退，但这种倒退很难判断在什么时候发生，到什么时候结束，如果要做空，必须要知道什么时候开始做空，什么时候结束，因为长期看做空是一定会失败的。

这五个基本的投资原则，是每一个市场内的投资者都必须遵守的，没有商量的余地，也没有例外，想在市场里走得远，想长期生存并获得收益就请记住这些用血和泪换来的教训。人类之所以能够进步，就是因为能够吸取前人的教训而避免自己再犯同样的错误。

参考文献

［1］［美］帕特·多尔西．股市真规则［M］．北京：中信出版社，2018.

［2］［美］帕特·多尔西．巴菲特的护城河［M］．广州：广东经济出版社，2009.

［3］［美］约翰·聂夫，史蒂文·明茨．吴业同，谢小梅译．约翰·聂夫的成功投资［M］．北京：机械工业出版社，2018.

［4］方于军．经济学的新思维兼及西方经济学的评判［M］．北京：中信出版社，2011.

［5］［美］菲利普·A. 费舍．怎样选择成长股［M］．北京：地震出版社，2017.